Teoría y técnicas
de traducción

LinguaText Ltd. Textbook Series

General Editors:

TOM LATHROP
EDUARDO M. DIAS

Teoría y técnicas de traducción: primeras etapas

ANNETTE G. CASH
Georgia State University

y

JAMES C. MURRAY
Georgia State University

LINGUATEXT
LIMITED

NEWARK ❧ DELAWARE

Copyright © 2008 by LinguaText, Ltd.
270 Indian Road
Newark, Delaware 19711
(302) 453-8695
Fax: (302) 453-8601
www.LinguaTextLtd.com

FIRST EDITION

MANUFACTURED IN THE UNITED STATES OF AMERICA

ISBN: 978-0-942566-56-7

Índice

Preface

Teoría y técnicas de traducción: primeras etapas is an advanced undergraduate textbook to teach the theory and techniques of Spanish/English-English/Spanish translation to students who are interested in becoming translators or who might need to translate in their chosen careers. It presents an historic overview of Spanish translation, the theory, methods and techniques for producing accurate and idiomatic translations, and lexical and grammatical problems encountered in translation.

FEATURES

To introduce students to this discipline a chronological orientation to the most important moments and people in the history of Spanish translation begins each chapter. A step by step procedure is presented to approach and translate the source text and revise the target language version. The vocabulary portion of each chapter is aimed at helping students develop techniques to determine the meanings of words without always having to look them up in a dictionary, to recognize and translate idiomatic expressions, to be aware of false cognates, confusing word pairs and other common lexical errors. The grammar segment of each chapter deals only with the problems encountered in Spanish/English-English/Spanish translation and not basic elementary grammar because this text assumes that students have taken or are currently taking an advanced Spanish grammar course. The section presenting comparative/erroneous/comic translations is intended to demonstrate common errors in translation and help students analyze these problem(s).

PEDAGOGICAL ELEMENTS

The text consists of a preliminary chapter and thirteen additional chapters. The preliminary chapter contains basic information such as the definition of translation, what is required to be a professional translator, what characterizes a successful translation, a step by step procedure to produce a translation, the use of dictionaries as well as examples of comparative/erroneous/comic translations. Each of the thirteen chapters consists of the following segments: Chronology of Spanish Translation, Theory and Techniques, Vocabulary, Grammar and Comparative/Erroneous/Comic translations. The Theory and Techniques, Vocabulary and Grammar segments are accompanied by appropriate exercises. Each chapter concludes with an extended passage to translate which reflects the methods, techniques, vocabulary and grammar discussions up to that point in the text and recycles these items from previous lessons. The texts to translate are of a general nature but at a level appropriate for students in advanced Spanish language classes. The text concludes with a glossary of terms, a bibliography and an index.

We especially would like to acknowlege the careful reading and many helpful suggestions of Francisco Aragón Guiller and the preparation of the book by Tom Lathrop.

ANNETTE G. CASH
JAMES C. MURRAY

Capítulo preliminar

A. ¿Qué es la traducción?

L A TRADUCCIÓN ES EL traspasar un texto de una lengua (lengua de origen) a otra (lengua de llegada o lengua término) tomando en consideración el género del texto, las culturas y tradiciones de las dos lenguas y el público que va a leer la traducción. La traducción difiere de la interpretación, siendo la traducción escrita y la interpretación oral. Es verdad que cada texto, escrito u oral, necesita una interpretación para poder entenderlo bien así que interpretamos para comprender bien y para lograr una buena traducción.

Normalmente no se puede traducir palabra por palabra ya que cada lengua es única y las palabras a veces no tienen exactamente el mismo sentido de una lengua a otra porque en ciertos casos en una lengua determinada el sentido es más amplio o limitado que en otra. El traductor debe entender el texto y traducir el sentido a la lengua término.

B. ¿Qué se requiere para hacerse traductor?

Para empezar el traductor tiene que escribir bien en su propio idioma, ser bilingüe y bicultural.

Es necesario haber leído mucho y de muchos temas para poder escoger las palabras correctas porque cada disciplina, cada tema en general tiene su vocabulario particular y no usar estos términos resulta en una traducción que parece traducción. La meta de cada traducción es que el lector no tenga idea de que el texto no estaba escrito en su propio idioma.

También es importantísimo poder redactar bien porque siempre hay oraciones que se deben mejorar y clarificar y una mejor expresión que se puede usar. El que no puede revisar su propia traducción tiene que encontrar un compañero que pueda hacerlo por él.

C. Procedimientos de traducción o cómo se acerca a un texto por primera vez.

1. Considerar el título: si es un buen título le va a dar una idea del contenido del texto. Leer con cuidado el texto con el propósito de entender el tema.
2. Leer el texto por completo una segunda vez y pensar en el vocabulario que se usa con este tema.
3. Subrayar las palabras, frases, modismos y estructuras gramaticales desconocidos. Buscar los vocablos desconocidos en diccionarios y consultar una buena gramática.
4. Buscar las referencias geográficas, históricas y políticas mencionadas o implicadas en el texto usando enciclopedias, diccionarios e Internet.
5. Releer el texto entero.
6. Segmentar el texto en unidades.
7. Traducir el texto literalmente.
8. Redactar una versión idiomática del texto.
9. Pulir la traducción.
10. Revisar el texto completo.

En los capítulos a continuación vamos a desarrollar estas etapas en detalle, pero ahora practiquemos con este breve texto sin hacer el paso número 6, la segmentación.

Mi primer *Quijote*

Escrito en un idioma asequible para todos, *Mi primer Quijote* no es un libro sólo para niños, sino una obra dirigida a todo el que llegue a las aventuras de El Quijote y su fiel escudero, Sancho Panza, por primera vez. En este libro se siguen los 52 capítulos de la primera parte del Quijote y se incluyen casi todos los personajes y anécdotas narrativas. Adaptado por José María Plaza e ilustrado por el dibujante madrileño Jvlvs, este es el clásico libro "para niños de todas las edades".

De Editorial Planeta

D. Uso del diccionario

Usar un diccionario no consiste en buscar una palabra y escribir la primera definición de la entrada. Hay que entender el uso de la palabra en la oración y en el contexto de la escritura. Es posible que la palabra sea parte de un modismo. A veces se necesita consultar un diccionario monolingüe, glosarios específicos que tratan del tema del texto y diccionarios de ideas afines. Si no está satisfecho, consulte otro diccionario bilingüe porque cada diccionario puede ofrecerle diferentes sentidos.

E. Traducciones comparadas/ equivocadas/cómicas

Este primer ejemplo es de una traducción propuesta por un sistema escolar que quiere que sus estudiantes tengan éxito, se comporten bien y cumplan con sus deberes.

Le ofrecemos el inglés y el español y queremos que explique los errores en la versión española.

INGLÉS	ESPAÑOL
You have a future.	Usted hace que un futuro.
Do not give into peer pressure.	No dé en la presión del par.
Dress for success.	Vestido para el éxito.
Study with a friend.	Estudio con un amigo.
Think smart, it works.	Piense elegante, él trabaja.
Always buckle up for safety.	Siempre hebilla para arriba para la seguridad.
Join a school club.	Ensamble a club de la escuela.
When you spot trouble dial 911.	Cuando usted mancha el dial 911 del apuro.

La Torre de Babel

1

A. Cronología de la traducción:
Introducción

YA QUE ESTE LIBRO se enfoca en la teoría y la práctica de la traducción de español/inglés/español, esta sección de la cronología, se concentra en la historia de los acontecimientos y las personas más destacados en la disciplina de la traducción española en Europa y Latinoamérica. Por supuesto reconocemos los aportes de otras civilizaciones y culturas a esta disciplina pero incluirlas es demasiado amplio para el propósito de este libro.

Vamos a mencionar los eventos, las personas y los movimientos destacados sin comentarlos en detalle para que usted tenga una idea de la historia y el desarrollo de este campo. Desde luego el instructor puede explorar estas indicaciones según las metas y los intereses de cada clase.

En la Biblia se explica tradicionlmente la diversidad de lenguas por el cuento de la torre de Babel, que relata la confusión de lenguas como castigo de Dios para los que querían construir una torre que llegaba al cielo. Como consecuencia de irreverencia las personas no podían entenderse y así tuvieron que dejar de construir esta famosa torre. Desde allí en adelante se ve la necesidad de acudir a la profesión de intérprete para la comunicación mutua de pueblos lingüísticamente diversos.

Un poco más tarde en el Antiguo Testamento hay mención de José y Moisés que eran bilingües ya que hablaban el hebreo y el egipcio. Su bilingüismo les ayudó a comunicarse entre estos dos pueblos y conseguir beneficios para los hebreos.

En la antigüedad en el área del Mediterráneo surgió la necesidad de poder comunicar entre los países de la región por razones comerciales, diplomáticas y militares. Para este propósito se realiza la capacitación de intérpretes y traductores profesionales. Una manera de lograr esta formación fue por la inmersión, mandando a personas a vivir en otras tierras para aprender la lengua y familiarizarse con la cultura y así asegurar el éxito comercial, diplomático y militar. El escribano, que copiaba documentos bilingües, era la persona encargada de traducir e interpretar los textos para llevar a cabo estos intereses.

B. Teoría y técnicas

1. Estructura superficial y estructura subyacente

Cada texto tiene una estructura superficial compuesta de las palabras, la gramática y los sonidos de la lengua y una estructura más profunda que consiste en la semántica, los conceptos y el significado. Aunque muchos estudiantes de lenguas no piensan en estos dos niveles de estructura, le incumbe al traductor prestar atención a estos detalles en su trabajo profesional. El traductor debe entender las ideas, el contexto y la cultura del nivel subyacente de la lengua de origen para poder hacer una buena traducción a la lengua de llegada. Al traducir *Of course I had bad luck today, it's Friday the 13th*, hay que considerar que el viernes trece no es un día de mala suerte en la cultura hispana y por eso, esta oración no tendría sentido para el hispanohablante. Tomando en cuenta que el día de mala suerte en el mundo hispano es martes 13, la traducción más apropiada de esta oración sería: **Por supuesto tuve mala suerte hoy porque es martes trece.**

Otro ejemplo de sentido subyacente sería:

¡Qué bueno que los gatos tengan siete vidas, si no nuestro Pancho estaría muerto!
Thank goodness cats have nine lives, if not our Pancho would be dead!

Obviamente en la tradición española los gatos tienen siete vidas y en la anglosajona tienen nueve. Así que es necesario adaptar la traducción a la estructura subyacente de la lengua de llegada.

2. Segmentación del texto

Una de las técnicas fundamentales de la traducción es la segmentación del texto que ayuda a analizar e interpretar el texto de origen. Se usa esta técnica para asegurar el traslado de todas las ideas encontradas en el texto de origen al texto de llegada. La segmentación se basa en la división del texto en unidades de pensamiento o sentido que son los términos que guardan entre sí cierta relación y facilitan la comprensión y la transmisión del contenido. Por ejemplo se puede segmentar la siguiente oración así:

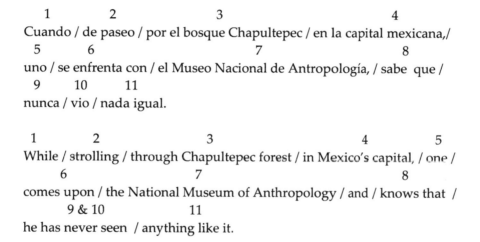

    1   2   3   4
Cuando / de paseo / por el bosque Chapultepec / en la capital mexicana,/
    5   6   7   8
uno / se enfrenta con / el Museo Nacional de Antropología, / sabe que /
    9   10   11
nunca / vio / nada igual.

    1   2   3   4   5
While / strolling / through Chapultepec forest / in Mexico's capital, / one /
       6   7   8
comes upon / the National Museum of Anthropology / and / knows that /
      9 & 10   11
he has never seen / anything like it.

Para hacer una buena traducción que fluye bien en inglés, es necesario agregar tanto la palabra "and" como "it".

C. Vocabulario

1. Formación de sustantivos.

Al reconocer diferentes sufijos y prefijos el traductor puede evitar la consulta frecuente y tediosa del diccionario. Por supuesto esta lista no es íntegra.

Para formar sustantivos abstractos —

Se agrega el sufijo **–miento** (*-ment* en inglés) a la raíz del verbo:

establecer	establecimiento	conocer	conocimiento
sentir	sentimiento	entrenar	entrenamiento

Se añade el sufijo **–ura** a adjetivos

blanco	blancura	alto	altura
bravo	bravura	ancho	anchura

Se añade **–ez**, **-eza** a adjetivos o sustantivos

viejo	vejez	niño	niñez
bajo	bajeza	triste	tristeza
maduro	madurez	bello	belleza
grande	grandeza	rígido	rigidez

Se añade **–ación** a la raíz del verbo

educar	educación	contemplar	contemplación
emancipar	emancipación	vibrar	vibración

Se añade **–ero/era** a un sustantivo para indicar profesión.

joya	joyero	granja	granjero
libro	librero	zapato	zapatero

2. Cognados falsos

Este término se refiere a palabras que se parecen a palabras en otro idioma pero que no tienen el mismo sentido. El uso de cognados falsos indica una traducción hecha con descuido. Aquí tiene unos ejemplos y su traducción correcta del español al inglés:

ESPAÑOL	INGLÉS	INGLÉS	ESPAÑOL
actual	*present day*	*actual*	real, efectivo
asistir	*to attend*	*assist*	ayudar
atender	*to care for, attend to*	*attend*	asistir
campo	*country*	*camp*	campamento
carta	*letter*	*card*	tarjeta
cimiento	*foundation*	*cement*	cemento
conferencia	*lecture*	*conference*	consulta, congreso
decepción	*disappointment*	*deception*	engaño

3. Modismos.

Dominar los modismos evita el problema de la traducción palabra por palabra.

a duras penas	*with great difficulty*
a escondidas	*secretly*
a grandes rasgos	*briefly, in outline form*
cuanto antes	*as soon as possible*
de todos modos	*anyway*
levantar la mesa	*to clear the table*
pasado de moda	*out of style*
pedir prestado	*to borrow*

San Jerónimo

Ejercicio————————————————————————

Combine las palabras de la columna B con su mejor pareja de la columna A.

COLUMNA A	COLUMNA B
_____ campo	1. you
_____ decepción	2. lecture
_____ a duras penas	3. to attend
_____ vejez	4. out of style
_____ atender	5. country
_____ anchura	6. disappointment
_____ carta	7. with great difficulty
_____ cuanto antes	8. old age
_____ pasado de moda	9. letter
_____ conferencia	10. width
	11. to take care of
	12. as soon as possible

D. Gramática

1. Acentos

La regla de acentuación dice que las palabras que terminan en vocal o las consonantes –n o –s llevan el acento natural (no escrito) en la penúltima sílaba (ejemplos: camino, mañana, interesante, joven, muchachas), y las palabras que terminan en las otras consonantes llevan el acento natural en la última sílaba (ejemplos: papel, hablar, feliz, ciudad, reloj).

En todos los otros casos, es preciso escribir el acento (la tilde). Unos ejemplos son: nación, árbol, púrpura, rubíes, mamá.

Los signos diacríticos son imprescindibles porque la traducción debe reflejar la ortografía correcta ya que si no, resultarán traducciones equivocadas e inaceptables (ejemplos: que yo llegue vs. llegué. Obviamente hay una gran diferencia entre el presente del subjuntivo y el pretérito, *that I arrive* y *I arrived*). De hecho el acento puede llegar a determinar el sentido de una palabra, por ejemplo:

aun	*even*	**aún**	*still, yet*
busque	*look for*	**busqué**	*I looked for*
de	*from*	**dé**	*give*
el	*the*	**él**	*he*
llego	*I arrive*	**llegó**	*he, she, it arrived*
mas	*but*	**más**	*more*
mi	*my*	**mí**	*(for or to) me*
te	*you*	**té**	*tea*
solo	*alone*	**sólo**	*only*

La oración, **Busqué él te en mí cocina**. Se traduce, *I looked for he you in me kitchen*.

Lo que de verdad se debe haber escrito es, **Busque el té en mi cocina**. *Look for the tea in my kitchen*. Efectivamente el uso correcto del acento es sumamente importante en español.

2. Las letras minúsculas y mayúsculas

A diferencia del inglés se escribe con letra minúscula los días de la semana, los meses del año, los nombres de lenguas, los sustantivos y los adjetivos de nacionalidad y de religión, las afiliaciones políticas, los epónimos (adjetivos basados en nombres propios [la era victoriana, la obra cervantina]) y el pronombre yo. Sólo la primera palabra de una oración, títulos y nombres propios dentro del título (de libros, materias impresas) llevan letra mayúscula. Títulos como señor, don, fray, sor, ingeniero etc. se escriben con letra minúscula: el señor García. Cuando se usa la forma abreviada de estos títulos como Sr., D., etc. sí se escriben con letra mayúscula.

Se escribe con mayúscula los nombres de continentes, países, provincias y estados. Sin embargo los accidentes geográficos tienen esta forma: el río Amazonas, el lago de Managua, la calle José Antonio, la cuenca mediterránea (*the Mediterranean Basin*). Otros nombres de edificios y monumentos siguen los ejemplos a continuación: el hospital Lenox Hill, el edificio Chrysler, la estatua de la Libertad.

3. La a personal

En español, cuando el complemento directo del verbo es una persona o una mascota o una entidad personificada, una **a** precede el complemento. La excepción es con el verbo tener cuando significa *to hold* y no cuando tiene el sentido de *to have*. **Tengo un perro. Tengo a mi hija en los brazos. En todo caso, esta a personal no se traduce al inglés.**

4. Pero, mas, sino, sino que

Estas palabras significan *but* pero no son intercambiables. Se utiliza **pero** cuando la oración es afirmativa. Se usa **sino** o **sino que** si la primera parte de la oración es negativa y la segunda parte contradice la primera. Si hay un verbo conjugado en la segunda parte de la oración, se requiere **sino que**.

Estoy contento **pero** me gustaría tener más dinero.
No voy al cine **sino** al museo.
No compró el cuadro **sino que** lo vendió.

Se puede usar **pero** cuando la primera parte de la oración es negativa y la segunda no la contradice.

Antonio no asiste a clase todos los días **pero** estudia en casa.

Ejercicio

Traduzca al español o al inglés según corresponda.
1. Yesterday was not a nice day but we went to the beach anyway.
2. Actually I am not reading *Gone with the Wind,* but rather *A Hundred Years of Solitude.*
3. On Monday, we did not visit John but went downtown to attend a Bon Jovi concert.
4. The beauty of the wood could be seen after they cleared the table but not before.
5. The Mexican government set up a shelter for the victims of the hurricane in the countryside.
6. Él no lo cree, pero yo sí aunque era una gran decepción.

7. Un zapatero que conozco me arregló los zapatos y sólo me cobró cinco
   dólares.
8. Mi hermano no me prestó su coche sino que pidió prestado el mío.
9. Recibí una carta a escondidas que explicó la situación venezolana actual.
10. Vimos a muchos niños españoles jugando en el parque María Luisa de
    Sevilla.

E. Traducciones comparadas/ equivocadas/cómicas

Aquí tiene información de un hotel en España y su traducción inglesa
defectuosa.

Primero, lea las dos versiones. Luego, busque los errores en la traducción
al inglés y coméntelos.

Bienvenido al Hotel

La Dirección del hotel no se hace responsable de los valores depositados
en las habitaciones. Por tal motivo tiene a su disposición alquiler de cajas
fuertes.

La hora de salida es a las 12 h. En caso de no abandonar la habitación a
dicha hora se entiende que el cliente prolonga su estancia un día más.

Wellcome to the Hotel

The Management will not accept responsability of values deposit in the
rooms. Cause this rental safety-boxes are available.

Check-out time is at 12 a.m. If room is not free at noon, we suppose that
the client will stay another night.

F. Traducción.

1. Segmente el texto.

2. Tradúzcalo.

Estilos del Perú: Arte, tradición y moda

Homero Beltrán

Desde hace miles de años, la cultura del país que hoy conocemos como Perú se destaca en el campo textil, dando como resultado vestimentas de singular colorido y encanto. Una herencia que los campesinos, pastores y hombres y mujeres comunes de las áreas rurales del Perú han preservado, incorporando detalles propios del encuentro de culturas.

Aun antes del Imperio Incaico, aquí conocieron todos los secretos del arte de tejer. Aquellos artesanos inventaron el brocado y llegaron a dominar diferentes técnicas, en las que utilizaron hasta hilos de oro y plata.

A su llegada, los españoles encontraron que las mujeres vestían una túnica medianamente corta llamada "anaco", que usaban ceñida a la cintura por una faja muy artística; y que cubrían sus hombros con un abrigo llamado "lliclla".

Por su parte, los hombres vestían el unku —antecedente del poncho, una prenda muy influyente en la moda actual—, que consistía en una camisa sin cuello que llegaba hasta la rodilla y estaba adornada con figuras solares, elementos geométricos y símbolos.

2

A. Cronología de la traducción: Biblia

LAS TRADUCCIONES TEMPRANAS DE la Biblia son serviles (literales) y por eso muchas veces pierden el sentido del mensaje bíblico. La razón de realizar este tipo de traducción fue que los traductores no querían apartarse de la "palabra de Dios" y que los que sí trataron de traducir el sentido fueron acusados de herejía y condenados a muerte por no haber seguido con exactitud las palabras del texto.

Ptolomeo II, faraón de Egipto (285-¿247? a. de C) mandó hacer una traducción al griego del Antiguo Testamento la que se conoce como la Versión de los Setenta (Septuaginta) que se refiere a los setenta y dos traductores que elaboraron el transvase al griego del hebreo para los judíos que hablaban griego y vivían en Egipto.

En 382 el Papa Dámaso pidió que Jerónimo (Eusebius Hieronymus en latín, 340-420 d. de C) revisara las traducciones bíblicas vigentes en latín porque eran demasiado coloquiales. Jerónimo decidió que sería necesario comparar las versiones de la Biblia en las diferentes lenguas bíblicas (por ejemplo el arameo, el hebreo, el latín, y el griego) y así producir una traducción más exacta de la obra sagrada. Insistió en traducir sentido por sentido y debido a sus esfuerzos tan rigurosos y exitosos, llegó a ser reconocido como el santo patrón de los traductores. La versión de San Jerónimo se conoce como la Vulgata y lo innovador de esta traducción es que emplea el latín que todo el mundo podía entender en vez del latín clásico que pocos usaban en esa época.

B. Teoría y técnicas

1. Clasificación de textos

Como se sabe hay diferentes géneros de textos y cada uno tiene un estilo distinto. Por eso la traducción de un texto de un periódico o un panfleto de instrucciones no utilizaría el mismo lenguaje. Cada género tiene un propósito único que el traductor debe captar en su traducción. Por ejemplo un texto científico quiere informar al lector, un texto de propaganda quiere persuadirlo. El traductor debe respetar estas distinciones en su versión del texto de la lengua origen. A veces un texto combina más de un género y el traductor tiene que ser sensible a la combinación de géneros.

2. Traducción literal

Es aconsejable hacer una traducción literal como primera etapa de su trabajo. Al hacerlo usted no omite palabras ni ideas ni expresiones del original. Si no toma este paso, es muy probable que la traducción tenga faltas de omisión. Por supuesto es sólo la primera fase y no servirá de producto final ya que no se ha concentrado en la expresión idiomática y gramatical del mensaje. Por ejemplo:

My feet hurt.
    Traducción literal: **Mis pies duelen**.
    Traducción correcta: **Me duelen los pies**.

John hit Paul.
    Traducción literal: **Juan golpeó Pablo**.
    Traducción correcta: **Juan golpeó a Pablo**.

C. Vocabulario

1. Formación de sustantivos y adjetivos

a. La desinencia *–ty* en inglés es el equivalente de **–dad** en español

INGLÉS	ESPAÑOL
city	ciudad
university	universidad
quality	calidad, cualidad
ability	habilidad

b. La desinencia **–al** o **–ar** indica un campo, una arboleda o una plantación

naranja	naranjal	pino	pinar
café	cafetal	oliva	olivar

c. **–izo/a** indica algo parecido a la palabra original

rojo	rojizo/a	*reddish*
enfermo	enfermizo/a	*sickly*
casto	castizo/a	*pure-blooded, genuine*

2. Cognados falsos

ESPAÑOL	INGLÉS	INGLÉS	ESPAÑOL
desmayo	*faint*	*dismay*	consternación
embarazada	*pregnant*	*embarrassing*	embarazoso
éxito	*success*	*exit*	salida
pariente	*relative*	*parents*	padres
simpático	*nice*	*sympathetic*	compasivo
sano	*healthy*	*sane*	cuerdo
desgracia	*misfortune*	*disgrace*	vergüenza

3. Modismos

desde luego	*of course*
a lo mejor	*maybe*
a ciegas	*blindly*
ir a medias	*to split 50/50, go Dutch*
más bien	*rather*
media naranja	*better half, spouse*
ni mucho menos	*far from it*
no hay de que	*you're welcome, don't mention it*

Ejercicios

A. Tache la palabra que no pertenezca al grupo.

1. embarazada	tímida	apenada	avergonzada	embarazosa
2. pariente	suegro	relativo	tíos	padres
3. peral	manzanar	robledal	arenal	cerezal
4. éxito	buena fortuna	salida	logro	suerte
5. cuerdo	loco	listo	inteligente	sesudo

B. Combine las palabras de la Columna B con su mejor pareja de la Columna A.

Columna A	Columna B
_____ más bien	1. esposa
_____ desde luego	2. mala suerte
_____ no hay de que	3. quizás
_____ desgracia	4. por supuesto
_____ a ciegas	5. ni mucho menos
_____ a lo mejor	6. cuenta compartida
_____ simpático	7. ciegamente
_____ media naranja	8. de nada
_____ ir a medias	9. amable
	10. sin sentido
	11. mejor dicho

D. Gramática: Usos del artículo (definido e indefinido), pronombres

1. Usos del artículo definido

Muchas veces cuando se utiliza el artículo definido en español, no se lo usa en inglés.

a. Se usa en español con sustantivos que representan una categoría o clase, es decir, en sentido general.

Los ingenieros tienen que ser buenos matemáticos.
> *Engineers have to be good mathematicians.*

b. Se usa con conceptos.

La felicidad es difícil conseguir.
> *Happiness is hard to attain.*

c. Se usa cuando se habla de una persona con su título y apellido, pero no cuando se está hablando directamente con la persona.

El profesor Álvarez dio una ponencia sumamente interesante.
> *Professor Alvarez gave an extremely interesting lecture.*
Buenos días, Dr. Herrera.
> *Good morning, Dr. Herrera.*

d. Se omite en español delante de los números de reyes, reinas, papas u otros soberanos.

Luis XIV se conoce como el Rey Sol.
> *Louis the XIV is known as the Sun King.*

e. Se usa en español en vez del adjetivo posesivo delante de partes del cuerpo y prendas de vestir.

Me puse la bata y después me lavé la cara.
   I put on my robe and then washed my face.

f. Se usa con los días de la semana para indicar "on" salvo después del verbo ser.

   Los lunes asisto a la clase de geometría pero ya que hoy es martes, no tengo que ir.
   On Mondays I go to my geometry class but since today is Tuesday, I don't have
      to go.

g. El artículo definido más la preposición de se usa para reemplazar un sustantivo ya mencionado.

   Los libros de María y los de Arturo están debajo de la mesa.
   María's books and Arthur's are underneath the table.

h. El artículo definido masculino singular combina con la preposición a formando la contracción al y con la preposición de forma la contracción del pero no cuando el artículo es parte de un nombre.

   Vamos al mercado.
   la casa de El Greco
   los triunfos de El Cordobés

i. Cuando hay frases como "we Americans" o "you children" hay que decir:

   nosotros los americanos
   vosotros los niños

2. Usos del artículo indefinido

a. Se omite en español después del verbo ser con profesiones, religiones, afiliación política, nacionalidad y oficios cuando estas palabras no van modificadas.

Su padre es republicano pero Rodolfo es un demócrata intransigente.
> *His father is a Republican but Rodolfo is a diehard Democrat.*

b. Se omite en español ante otro, cierto, cien, ciento, mil y después de medio, tal y en exclamaciones.

Cierto hombre me dijo que iban a cerrar la fábrica dentro de cien días.
> *A certain man told me that they were going to close the factory in a hundred days.*

La señora quería comprar medio kilo de cerezas.
> *The lady wanted to buy a half kilo of cherries.*

¡Qué coche tan sucio!
> *What a dirty car!*

c. Se omite con sustantivos no modificados después de tener, llevar, poseer y usar y después de sin y con.

Ramón salió ayer sin paraguas pero hoy decidió llevar impermeable.
> *Yesterday Ramon went out without an umbrella but today he decided to wear a raincoat.*

3. Pronombres

a. Personales (**yo, tú, él, ella, usted, nosotros/as, vosotros/as, ellos/ellas, ustedes**). Estos pronombres se omiten en español porque el verbo indica el sujeto de la oración excepto cuando las formas de la tercera persona son iguales a las de la primera persona (imperfecto de indicativo, presente de subjuntivo e imperfecto de subjuntivo) y para clarificación o énfasis.

Él se puso el suéter amarillo pero yo prefiero el verde.
> *He put on his yellow sweater but I prefer the green one.*

b. Pronombres directos, indirectos y reflexivos.

DIRECTOS		INDIRECTOS		REFLEXIVOS	
me nos		me nos		me nos	
te os		te os		te os	
lo,la	los,las	le	les	se	se

Estos pronombres se colocan antes del verbo conjugado y se agregan a los mandatos afirmativos, infinitivos y gerundios. El orden es indirecto, directo y reflexivo antes de todos los otros pronombres. Si el directo y el indirecto empiezan con la letra l, el indirecto se convierte en **se**.

Mándamela ahorita y te la devuelvo mañana.
> *Send it to me right now and I will return it to you tomorrow.*

Amalia está escribiéndosela en este momento.
> *Amalia is writing it to you at this moment.*

Cómetelo todo.
> *Eat it all up.*

c. Los pronombres reflexivos plurales pueden tener un uso recíproco.

Los niños se miraron y empezaron a reír.
> *The children looked at each other and began to laugh.*

d. Los pronombres preposicionales son iguales a los pronombres personales excepto las formas de **yo** y **tú** que son **mí** y **ti**. Cuando estas personas siguen las palabras **entre, excepto, incluso, menos, salvo** y **según** se utilizan los pronombres personales. Después de la preposición **con** las formas de la primera y segunda persona son **conmigo** y **contigo** y después de la forma reflexiva **sí**, es **consigo**.

Ven conmigo.
> *Come with me.*

Todos menos yo comen sandía.
> *Everyone except me eats watermelon.*

e. **Lo.** Con los verbos ser, estar, parecer, saber y creer se usa lo al omitir sus complementos.

¿Son ustedes argentinos? Sí, lo somos.
> *Are you Argentinean? Yes, we are.*

¿Parecen caras estas bolsas de cuero? Sí, lo parecen.
> *Do these leather bags seem expensive? Yes, they do.*

f. Los pronombres posesivos forman concordancia con el objeto poseído y no con la persona que lo posee como ocurre en inglés.

Mi mochila está en la mesa, la tuya, José, está debajo del escritorio.
> *My backpack is on the table and yours, José, is under the desk.*

Ejercicio_____

Traduzca al español o al inglés según corresponda.

1. The university must create a positive learning environment for academic success rather than a party atmosphere.
2. Most of my relatives are teachers but my parents are very successful lawyers.
3. Maybe we can get out of this embarrassing situation by not saying anything more about it.
4. Give it to me and I will deliver it to the right person for you.
5. Don't mention it, it was a pleasure doing business with such a nice person.
6. Todos los veranos yo viajaba a las Islas Canarias para ver a nuestros parientes pero usted nunca ha ido.
7. Obviamente no has estudiado para el examen; ni mucho menos.
8. ¿Creen ustedes que nuestro candidato ganará las elecciones? No, no lo creo.
9. Si sales sin dinero, vas a sentirlo.
10. No quiero ir contigo porque siempre te ríes de mí.

E. Traducciones comparadas/ equivocadas/cómicas

Las instrucciones a continuación son para una cafetera fabricada en un país hispanohablante. Indique los errores de ortografía, puntuación, gramática y uso de palabras que no son correctas para este texto informativo.

Fill the tank with water till the lever (1).

Screw tightening the coffee machine and ensure that it is well thightened.

Once coffee is done, to use vapor close valve (3) wait until valve (4) discharge vapor.

That will be the signal that machine is under pression ready for use of vapor.

In order to have a very good capuccino, we suggest to plung tube (6) only about 1 cm. in the milk; open slowly valve (2) and at coming up of the foam increase opening and drive up and down your milk-bottle.

To prepare other warm drink, in order to avoid them to have the taste of coffee, we suggest you to take into consideration the following instruction.

IMPORTANT:

Once done your coffee. if you are going to use the coffee machine's vapor, we suggest to discharge the coffee in cups, because re-boiled coffee does'nt taste well.

Using the vapor tube (6) don't forget to add one small cm. abt. of water incide topof coffee maschine to avoid that steel loses its glossness.

Ahora que ha leído estas instrucciones tan mal escritas, esperamos que tenga mucho cuidado al preparar sus propias traducciones.

F. Traducción

1. Lea el texto por completo. ¿Cuál será el propósito de este texto?

2. Teniendo en cuenta el título, ¿cuál será el tema de este texto? ¿Qué es «Barajas»?

3. Segmente el texto y tradúzcalo.

4. Después de haber traducido este texto, comente los problemas de vocabulario, de gramática y de cultura que presenta el texto.

5. ¿Fue posible hacer una traducción literal del texto? ¿Cuáles son los cambios que tuvo que hacer para que el texto no aparente ser traducción?

Motín en Barajas

80 pasajeros toman un avión durante 17 horas

MADRID. Unos 80 pasajeros de un vuelo destino a Nueva York se amotinaron durante 17 horas en un avión de Iberia estacionado en la pista de Barajas. El DC-10 debía haber iniciado el vuelo sobre el Atlántico a las 13:30 del domingo. Las continuas largas de la compañía colmaron la paciencia de los pasajeros, que decidieron hacerse fuertes en el avión en el que habían sido embarcados. Ayer lograron partir rumbo a América, con 24 horas y 10 minutos de retraso, después de una tensa noche rodeados de fuerzas policiales.

El origen del conflicto fueron las cuatro horas que los trabajadores reclamaban para votar. La falta de previsión ocasionó un caos generalizado.

La Biblia Políglota

3

A. Cronología de la traducción: Los griegos y los romanos

EN EL OCCIDENTE, LA historia de la traducción empieza en la antigüedad con los griegos y los romanos. Los griegos utilizaron otras lenguas para el comercio con los distintos pueblos del mundo clásico. También trasladaron al griego textos importantes de culturas vecinas para satisfacer su curiosidad intelectual por ideas nuevas. Las teorías de la medicina expuestas por Platón y Galeno provenían de la India y con el tiempo se tradujeron al griego. Obras persas y egipcias se trasladaron para alcanzar una mejor comprensión de las religiones, filosofías y ciencias de esas naciones. La metodología griega de la traducción se basaba en las teorías de la lengua propugnadas por los gramáticos y los intérpretes. Como se puede ver, los griegos sí tradujeron de otras lenguas por razones específicas lo que contradice la opinión de algunos estudiosos.

A su vez los romanos tradujeron del griego para enriquecer su cultura y trasladaron e interpretaron de otras lenguas por razones comerciales, legales y administrativas pertinentes a sus territorios imperiales cada vez más grandes. Cuando tradujeron del griego al latín los romanos acuñaron vocablos nuevos basados en raíces griegas. El lector romano culto podía leer tanto el texto griego como la versión latina y por eso su lectura era una comparación estilística y crítica de los dos textos. Así el lector podía evaluar el logro del traductor con respecto a su habilidad y su creatividad lingüísticas. Siguiendo los principios básicos establecidos por Horacio y Cicerón, los romanos no hicieron énfasis en la traducción palabra por palabra sino que recomendaron un equilibrio entre la fidelidad al sentido del original y al estilo del texto latino.

B. Teoría y técnicas:

La lingüística comparada, sintaxis (orden de palabras)

Ya que estamos trabajando con el inglés y el español es muy beneficioso comparar lingüísticamente estas dos lenguas en cuanto a su gramática (sistemas verbales, indicativo y subjuntivo, ser y estar, pretérito e imperfecto), sintaxis (orden de palabras) y léxico (diferencias entre: saber y conocer, preguntar y pedir, avisar y aconsejar) porque estas comparaciones ayudan al traductor a transferir el mensaje de una lengua a otra con más exactitud.

En español, el orden de las palabras en una oración no queda tan fijo como en inglés que prefiere el orden: sujeto, verbo, complemento directo. Se puede poner el complemento directo sustantivo antes del verbo por énfasis o simplemente para variar el estilo de un texto, colocando el complemento pronominal antes del verbo conjugado, por ejemplo: A Juan lo vimos en el concierto anoche. También en español el adjetivo calificativo sigue el sustantivo, por ejemplo: Tenemos muchas flores amarillas, blancas y azules en nuestro jardín. Adicionalmente el español prefiere no terminar una oración con un verbo conjugado, por ejemplo: Buscamos el restaurante donde los González celebraron su boda.

C. Vocabulario

1. Modismos con dar(se)

dar a	to face
dar a conocer	to make known
dar a entender	to make known
dar a luz	to give birth (to)
dar algo por sentado	to take something for granted, assume
dar ánimo	to cheer up
dar con	to find

dar cuenta de	to account for
dar cuerda a	to wind (a watch, a clock, a toy)
dar de baja	to drop (a class), dismiss, discharge (from a hospital, etc.)
dar el pésame	to extend sympathy or condolences
dar en	to hit
dar en el clavo	to hit the mark, hit the nail on the head
dar gato por liebre	to cheat, deceive
dar la lata	to annoy, bother
dar la vuelta	to turn, rotate something
dar parte	to inform, notify
darse cuenta de	to realize
darse por ofendido	to take offense
darse prisa	to hurry

B. Cognados falsos

ESPAÑOL	INGLÉS	INGLÉS	ESPAÑOL
grosería	*coarse, boorish act*	*grocery store*	tienda de comestibles
honesto	*decent*	*honest*	honrado
noticia	*news*	*notice*	aviso
sensible	*sensitive*	*sensible*	sensato
suceso	*event*	*success*	éxito

C. Modismos

a la carrera	*on the run*
con destino a	*bound for*
de golpe	*suddenly*
en resumidas cuentas	*in short, in a word*
de mal en peor	*from bad to worse*
fulano de tal	*Mr. So and So*

Ejercicios_____

A. Tache la palabra que no pertenezca al grupo.

1. de golpe	de repente	de pronto	de veras
2. evento	acontecimiento	éxito	suceso
3. honrado	decente	honesto	virtuoso
4. amonestación	noticia	aviso	advertencia
5. apurarse	darse prisa	apresurarse	agotarse
6. dar a luz	apagar	alumbrar	parir
7. mirar hacia	dar a	dar a entender	estar orientado
8. dar ánimo	participar	dar parte	comunicar
9. estafar	engañar	dar la vuelta	dar gato por liebre
10. dar de baja	dar con	encontrar	hallar

B. Combine las expresiones de la Columna B con su mejor pareja de la Columna A.

COLUMNA A

_____ fulano de tal
_____ to realize
_____ a la carrera
_____ dar la lata
_____ dar algo por sentado
_____ to wind
_____ in short, in a word
_____ grocery store
_____ from bad to worse
_____ sensible

COLUMNA B

1. realizar
2. dar cuerda a
3. Mr. So and So
4. molestar
5. on the run
6. coarse, boorish act
7. sensitive
8. en fin
9. de mal en peor
10. darse cuenta de
11. tienda de comestibles
12. to take something for granted

D. Gramática: Se y sus valores

1. Se como pronombre reflexivo y como complemento indirecto que reemplaza le o les. Véase el capítulo 2 donde se tratan estos usos.

2. Se con valor de la voz pasiva. (Véase el capítulo 13 para la verdadera voz pasiva [**ser** + participio pasado + **por** + agente]).

a. Cuando el agente no se expresa en una oración pasiva, se usa se + el verbo en la tercera persona singular o plural para sujetos inanimados tales como **roca, aviones, jardín.**

Se jugaron los partidos ayer.   *The games were played yesterday.*

N.B. El orden preferido de esta estructura es **se** + **verbo** + **sujeto.**

b. Cuando el sujeto es animado (es decir los seres humanos y los animales) el verbo siempre aparece en la forma singular.

Se vio a los niños en el parque.   *The children were seen in the park.*

3. **Se** impersonal. En oraciones como **Aquí se habla español** la traducción sería: *Spanish is spoken here, They speak Spanish here, One speaks Spanish here.*

En estas traducciones el sujeto de la oración no es específico.

4. Se para expresar un evento no previsto. Para expresar accidentes en español se usa **se** + **el pronombre indirecto** (para expresar el sujeto involucrado) + el verbo que forma concordancia con la(s) cosa(s) perdida(s), olvidada(s), agotada(s), etc.

Se me olvidaron las gafas.   *I forgot my eyeglasses.*

Se usa la palabra me para indicar que la persona involucrada es **yo.**

Se nos manchó el mantel cuando se le rompió la copa de vino a Jorge.
Our tablecloth got stained when Jorge's wine glass broke.

Ejercicio ──────────────────────────

Traduzca al inglés o al español según el caso.
1. Se abrió el museo a las diez.
2. En este restaurante se sirven platos mexicanos.
3. Se cultivan estas flores todos los años en el patio del ayuntamiento.

4. Se perdieron las maletas en el aeropuerto.

5. Se me ensuciaron los zapatos.

6. They (impersonal) say that this book is published here.

7. The boys were found near the highway.

8. Last night we ran out of gas.

9. Christmas trees will be sold here.

10. He lost his keys in the park.

E. Traducciones comparadas/ equivocadas/cómicas

Aquí hay dos textos que quieren expresar el mismo mensaje. Lea los dos textos, busque las diferencias y coméntelas.

El Arte de una Sonrisa

Desde hace más de 35 años desarrollamos la excelencia en el cuidado integral de la salud y belleza dental.

Contamos con todas las especialidades, modernos consultorios y un laboratorio con la más avanzada tecnología del mundo, que cumple las más rigurosas medidas de bioseguridad.

Garantizamos óptimos resultados con la mayor eficiencia y en el menor tiempo.

The Art of Smiling

For over 35 years, we have been developing and attaining in overall dental health and beauty.

Our specialists, modern facilities and state-of-the-art laboratory meet the highest bio-safety standards.

We guarantee the best results, high efficiency and the promptest reply to your needs.

F. Traducción

1. ¿Cómo se traduce la palabra "motor" del título?
2. ¿Dónde se nota la influencia de los hispanos en los Estados Unidos?
3. Busque los dos casos de "se" y explique su uso.
4. Segmente y traduzca este texto.

Hispanos: el nuevo motor de EE.UU.

Aunque el auge de la cultura hispana en EE.UU. se puede evidenciar en los negocios, el espectáculo y la política, el impacto de esta comunidad en materia demográfica es quizás uno de los puntos más determinantes a la hora de analizar su papel en el presente y futuro de la nación.

Desde 1990, la población hispana ha experimentado un crecimiento demográfico cercano al 85 por ciento en Estados Unidos. Según datos de la Oficina del Censo en julio del 2004, los hispanos alcanzaron los 41,3 millones, convirtiéndose en la minoría étnica más grande del país y el grupo con la tasa más alta de crecimiento.

Atlanta Latino. Septiembre 15-21 de 2005, pág. 1

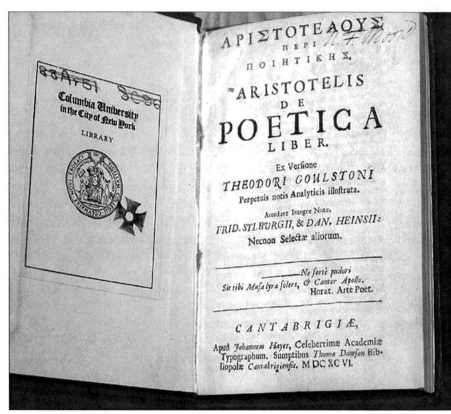

La Poética de Aristóteles

4

A. Cronología de la traducción: La España medieval

EN LA EDAD MEDIA, España sirvió de encrucijada entre las culturas orientales y occidentales. Los árabes invadieron la Península Ibérica desde el norte de África en 711, atravesando el Estrecho de Gibraltar y ocuparon rápidamente casi todo el territorio ibérico. Llevaron consigo su civilización y cultura avanzadas que incluían un tesoro de obras e ideas literarias, científicas, matemáticas, filosóficas y arquitectónicas. En el siglo XII se desarrolló la Escuela de Traductores en Toledo, la capital visigoda medieval española, que constaba de estudiosos multilingües dedicados a la traducción y la discusión de textos filosóficos, teológicos y científicos clásicos. Más tarde en el siglo XIII durante el reinado de Alfonso X el Sabio (1252-1284) se realizaron traducciones de textos de astronomía, medicina y literatura orientales. Se llevaron a cabo las traducciones de este modo: el texto árabe o hebreo original fue trasladado al latín por alguien que sabía las dos lenguas y más tarde al español. Cuando surgían desacuerdos entre los traductores sobre el sentido de un texto, el rey mismo intervenía con frecuencia si no podían ponerse de acuerdo de otra forma. Así un cuerpo enorme de conocimientos fue hecho asequible a toda Europa por los esfuerzos de los traductores de Toledo.

B. Teoría y técnicas

1. Arte y ciencia

Se considera que una traducción debe ser una confluencia de arte y ciencia. El arte es la pericia del traductor de expresarse bien en su lengua nativa y la ciencia es la aplicación de las reglas gramaticales y la palabra justa del texto término. La destreza de un traductor exitoso es la combinación del arte y la ciencia para producir un texto que no suene a una traducción por su flujo natural y su idiomaticidad.

2. Adición y omisión

Cada vez que traducimos, es necesario agregar o eliminar palabras e información del texto origen o del texto término. Algunos casos en que se usan estas técnicas de traducción son:

a. Al mencionar una figura política o histórica en un texto en español se necesita una explicación (adición) al traducir estos datos al inglés, por ejemplo: Eso de transitar con más de una nacionalidad por este mundo globalizado como sucedió en el caso de Fujimori no tiene nada de malo. *There is nothing wrong about traveling with more than one nationality in this globalized world, as happened in the case of Fujimori, ex-President of Peru.*

b. La omisión en la traducción de **eso de** en la oración sobre Fujimori no cambia en absoluto el sentido de la oración.

c. El inglés usa palabras redundantes por su tradición anglosajona y al traducir estas palabras al español se omite una de ellas.   Por ejemplo, se dice en inglés *bold and courageous* pero la traducción será valiente.

d. Al comparar la gramática de las dos lenguas, se observa que el posesivo **su** necesita una clarificación en inglés. **Su** puede significar *his, her, its, your, their* según el sentido de la oración. Mario llegó tarde a casa y su mamá se preocupaba por él. (*Mario got home late and his mother was worried about him*).

En inglés se omite el artículo definido cuando en español es necesario añadirlo.

En inglés en el discurso indirecto se puede omitir "that" como conjunción pero jamás en español.

e. Unos ejemplos léxicos de adición y omisión son palabras que tienen dos o más sentidos en una lengua pero significan sólo una cosa en la otra. **Novia** tiene tres significados en español y al traducir este vocablo al inglés hay que especificar *girlfriend, fiancée* o *bride*.

f. Ya que en inglés el sustantivo puede funcionar como adjetivo, y no en español, será necesario crear una frase preposicional con función adjetival para traducir al español tal combinación de palabras. Por ejemplo: *rubber boots* en español son **botas de caucho** y *machine translation* es **traducción a máquina**. Normalmente se observa que un texto traducido al español tiene un 20% más de palabras que el texto en inglés por adiciones como éstas.

Estos son algunos de los ejemplos de adición y omisión que ocurren al traducir de inglés al español y viceversa. En todo caso hay una pérdida en la lengua de llegada.

Ejercicio _____

Traduzca las frases a continuación teniendo en cuenta las técnicas de adición u omisión.

1. strangers and foreigners
2. He got down from his chair.
3. telephone book
4. He said he would bring it home.
5. the little brick schoolhouse
6. Ricardo dejó su llave en la biblioteca.
7. Me gustan las espinacas.
8. explosivas revelaciones de los contactos con los rebeldes y las FARC
9. Tenemos que comprar una botella de aceite de oliva.
10. La novia se llama Alejandra.

C. Vocabulario

1. Modismos con **hacer(se)**

Hacer cola	*to form a line*
Hacer la maleta	*to pack a suitcase*

Hacer puente	*to take a three day weekend*
Hacer saber	*to inform*
Hacer un milagro	*to work a miracle*
Hacer un papel	*to play a part [role]*
Hacer un viaje	*to take a trip*
Hacerse	*to become*
Hacerse de la vista gorda	*to look the other way*
Hacerse el sordo	*to turn a deaf ear, to pretend to hear*

2. Cognados falsos

ESPAÑOL	INGLÉS	INGLÉS	ESPAÑOL
consecuente	*consistent*	*consequence*	consecuencia
lujuria	*lust*	*luxury*	lujo
presumir	*to boast*	*to presume*	suponer
promoción	*sale, class*	*promotion*	ascenso
regalar	*to give a gift*	*to regale*	agasajar
remover	*to stir*	*to remove*	quitar

3. Modismos

Al fin y al cabo	*when all is said and done*
Con las manos en la masa	*caught red-handed*
Echar flores	*to flatter, compliment*
Echar de menos	*to miss (people or places)*
En efectivo	*in cash*
Estar en las nubes	*to be daydreaming*
Ir al grano	*to get to the point*
Valer la pena	*to be worthwhile*

Ejercicios

1. Tache la palabra que no pertenezca al grupo.

a. lujo	riqueza	lujuria	elegancia
b. remover	quitar	sacar	eliminar
c. ufanarse de	suponer	presumir	jactarse de
d. ascenso	rebaja	promoción	liquidación

e. agasajar   dar un regalo   obsequiar   regalar

2. Combine las expresiones de la Columna B con su mejor pareja de la Columna A

Columna A   Columna B

_____ echar flores   1. desempeñar un rol
_____ ir al grano   2. to be worthwhile
_____ echar de menos   3. far from it
_____ estar en las nubes   4. halagar
_____ hacer puente   5. extrañar
_____ hacerse de la vista gorda 6. to pack a suitcase
_____ hacer saber   7. un fin de semana largo
_____ en efectivo   8. no hacer caso de
_____ al fin y al cabo   9. con las manos en la masa
_____ hacer la maleta   10. to get to the point
_____ valer la pena   11. soñar despierto
_____ hacer un papel   12. informar
                         13. en metálico
                         14. when all is said and done

D. Gramática

Adjetivos: posición, cambio de sentido

Los adjetivos cuantitativos (números o palabras que indican cantidad), posesivos (**mi, tu, su**) y demostrativos normalmente se colocan antes del sustantivo. Los adjetivos cualitativos (color, nacionalidad, religión, tamaño, preferencia política) siguen al sustantivo. Cuando hay dos o más adjetivos cualitativos se puede poner uno antes y otro después del sustantivo, pero raramente un adjetivo de nacionalidad precede al sustantivo. También los dos adjetivos unidos por la conjunción **y** pueden seguir al sustantivo.

Los adjetivos que describen una calidad inherente siempre preceden al sustantivo ya que no diferencian esta palabra de otras. La bella modelo, la roja sangre, la blanca nieve son ejemplos de estos adjetivos.

Algunos adjetivos cambian el sentido si vienen antes o después del sustantivo.

	DELANTE	DETRÁS
antiguo	*former*	*old, antique*
cierto	*certain*	*sure, definite*
gran(de)	*great, famous, important*	*big, large*
medio	*half*	*average*
mismo	*same, very*	*self*
nuevo	*another*	*brand new*
pobre	*pitiful, unfortunate*	*poor*
puro	*sheer*	*pure*
raro	*rare (few)*	*strange, odd, uncommon*
simple	*just, mere*	*simple-minded*
único	*only, single*	*unique*
viejo	*old, of long standing*	*old in years*

E. Traducciones comparadas/ equivocadas/cómicas

Aquí hay dos textos que quieren expresar el mismo mensaje. Lea ambos textos, busque las diferencias y coméntelas.

Sightseeing Tour: The Best Way to Know the City

The aim of this tour is to show you all different and interesting views of Madrid to its visitors from Borbones, Austrias, Isabelino and Contemporary quarters of Madrid until the Barrio de la Morería (Moorish Quarter) with typical atmosphere the "Mesons" and the architecture of the old Madrid; the elegant squares, large avenues and the memorial Retiro Park, the Bullring, colorful place in the great days of "Corrida," the New Madrid with modern building and gardens.

Madrid visita panorámica: la mejor forma de conocer la ciudad

Esta excursión contempla los variados contrastes que Madrid ofrece a sus visitantes desde el Madrid de los Borbones, Austrias, Isabelino y Contemporáneo hasta el Barrio de la Morería con su sabor castizo, sus mesones y sus edificios del viejo Madrid; las elegantes plazas, las amplias avenidas, el señorial Parque del Retiro y la Plaza de Toros, lugar de clamor y colorido en las grandes tardes de corrida; el nuevo Madrid, con sus nuevos edificios y jardines.

F. Traducción

Lea el texto por completo. Teniendo en cuenta el título, ¿cuál será el tema de este texto? Piense en el vocabulario que corresponda a este tema. Segmente el texto y tradúzcalo.

Al inglés—
1. ¿Cuál es la posición de los adjetivos en este texto? ¿Dónde se colocarán en su traducción?
2. Busque el error histórico en el texto. ¿Cuál es? ¿Cómo lo corrigió?
3. ¿Ha visto una pieza de cerámica Talavera? Si no, busque una en Internet.
4. Después de haber traducido este texto, comente los problemas léxicos, gramaticales y culturales que presente el texto.
5. ¿Fue posible hacer una traducción literal del texto? ¿Cuáles son los cambios que tuvo que hacer para que el texto no sonara a una traducción?

El arte de la Talavera
La cerámica que hoy conocemos como Talavera proviene del pueblo español de Talavera de la Reina, situado en la provincia de Toledo. Los árabes se establecieron en la Península Ibérica en el siglo VI, y trajeron consigo sus técnicas artísticas para moldear la cerámica. Pintar adornos azules en cerámicas blancas, un distintivo de Talavera, se debe a la influencia árabe en este arte.

Un grupo de artesanos de Talavera de la Reina trajo la técnica de Talavera, con sus raíces árabes, a Puebla, México, ciudad que se ha convertido en el centro de este arte. Inicialmente, el propósito fue crear lozas y murales en las iglesias y monasterios católicos para adornar los templos religiosos.

La cerámica de Talavera se convirtió en una verdadera pieza de colección, porque recibe múltiples influencias. Además de la árabe y española, le [sic] debe a italianos y chinos convirtiéndose así en una de las más famosas del mundo.

Al español—

1. Al leer el texto en inglés, fíjese en los posibles cognados falsos que puedan aparecer en la traducción al español.
2. ¿Cuáles son las adiciones u omisiones que hizo Ud. al hacer la traducción?
3. Piense en la posición de los adjetivos en español.
4. Subraye los verbos en el tiempo pasado y decida qué tiempo (pretérito o imperfecto) se debe usar.

From the Editor
RICHARD PÉREZ-FERIA

After finishing my studies at Tulane University, my parents came to New Orleans to celebrate my graduation, and they hosted a dinner in my honor at one of the best restaurants in this city so famous for its excellent food. Mom and dad, of course, were full of advice about what I should do with my life, but I already knew what I was going to do: I had accepted a job to work in New York for *Esquire*, one of the most respected magazines in the country. So, my original plan to study to be a lawyer was put on hold. I remember that I was not at all afraid of what awaited me and I did not acknowledge the possibility of failure. I was 21 years old and I thought I knew it all. Nothing and no one could stop me. Ah, youth.

Alfonso el Sabio

5

A. Cronología de la traducción:
Siglo XVI

L A ESPAÑA DEL SIGLO XVI, es la época del Renacimiento durante el cual hay mucho interés por las obras clásicas grecolatinas y por eso se produjeron muchas traducciones. "La historia de la traducción española en el siglo XVI obedece a los deseos de reyes, nobles y clérigos, aunque las universidades juegan un papel importante por el humanismo que impera en sus aulas, a pesar de la censura, las persecuciones y prohibiciones interpuestas por la Iglesia católica.

El humanismo renacentista tuvo tres zonas de intersección cultural en las que los españoles traducen, parafrasean o imitan en contacto con obras clásicas o románicas, que son: la Biblia y los clásicos grecolatinos, las universidades (*studia humanitatis*) y la poesía traducida o imitada (Gutierre de Cetina, Baltasar del Alcázar, Fernando de Herrera)". (Alberto Ballestero, "Historia de la traducción: humanismo y traducción", *La linterna del traductor*. IV (diciembre 2002).

Es de observar que estas traducciones no eran sólo del latín al español sino también del italiano porque el imperio español gobernaba gran parte de Italia y había mucha comunicación entre las dos culturas. Además hay que recordar que el Renacimiento se inició en Italia dos siglos antes. También en la Península Ibérica hay traducciones del catalán y portugués al español y viceversa.

51

Es también la época de varias traducciones de la Biblia, algunas de las cuales fueron prohibidas por la Inquisición. Por eso aparecieron en lugares como Amberes (Bélgica), Ferrara (Italia) y Basilea (Suiza). Un ímpetu importante de la traducción bíblica vino de Martín Lutero que tradujo la Biblia del latín al alemán. Una de las traducciones españolas más influyentes de la Biblia y todavía vigente es la versión Reina-Valera (1569). Esta traducción de la Biblia entera realizada por Casiodoro de Reina fue un trabajo comparativo que usó textos hebreos, arameos y griegos.

Aquí hay algunos de los traductores más famosos del siglo XVI.

Juan de Valdés (1509-1541) tradujo las cartas de San Pablo a los *Romanos* y a los *Corintios*.

Juan Boscán (¿1492?-1542) tradujo *El Cortesano* del italiano Castiglione.

Juan Luis Vives (1492-1540), uno de los precursores de la teoría de la traducción moderna en España, definió la traducción como *a lingua in linguam verborum traductio sensu servato* (un trasvase de palabras de una lengua a otra, conservándose el sentido).

Fray Luis de León (1527-1591) traduce y comenta el *Cantar de los cantares*, el *Libro de Job*, los *Salmos*, obras de Horacio y Virgilio. Su teoría de la traducción se basa en cinco principios: fidelidad a la palabra, al sentido, al estilo, dificultad y finalidad de la traducción.

B. Teoría y técnicas: Traducción a máquina, Traducción asistida, Préstamos: anglicismos e hispanismos

1. Traducción a máquina o automática.

En los años 1950 hubo un experimento realizado por la Universidad de Georgetown en Washington, D.C. Consistía en la traducción totalmente automática de más de sesenta oraciones rusas al inglés que produjo traducciones tan erróneas y cómicas como "The vodka is good but the meat is rotten". para la oración "The spirit is willing but the flesh is weak" y Leonardo yes

Vinci para Leonardo da Vinci. Obviamente no resultaron satisfactorias estas traducciones sin embargo había la esperanza de que en tres o cinco años se resolvieran los problemas.

En 1966 después de un informe del ALPAC (Automatic Language Processing Advisory Committee) que determinó que la investigación había fracasado en cuanto a las expectativas, los recursos financieros para tales proyectos se redujeron dramáticamente.

En los últimos años de 1980 con el avance en el poder computacional del ordenador y la caída de precio de las máquinas, surgió de nuevo el interés en las posibilidades de la traducción automática.

Todavía no es un proceso exitoso ya que la máquina no puede abarcar todas las áreas de la actividad humana pero en áreas más restringidas como la traducción de los pronósticos meteorológicos con un número reducido de términos y frases hechas, ha tenido éxito la traducción automática. En la mayor parte de las traducciones automáticas es necesario la revisión realizada por un traductor humano.

2. Traducción asistida

Es la traducción realizada con ayuda de programas informáticos específicos, por ejemplo los que crean y organizan glosarios de palabras y de frases utilizadas previamente por el traductor, ya que los traductores se especializan en ciertas disciplinas o temas durante su carrera. Estos programas le informan al traductor cuando ha traducido una frase parecida antes en otro documento para que pueda analizar el nuevo texto y decidir si quiere utilizar la frase ya hecha. Esta ayuda es especialmente valiosa al preparar el primer borrador de un texto y ahorra tiempo además de hacer más uniformes los textos traducidos.

2. Préstamos: anglicismos e hispanismos

Los lingüistas franceses Vinay y Darbelnet en su libro *Stylistique comparée du français et de l'anglais* definen el préstamo como "palabra que se toma de una lengua sin traducirla" ya que no hay una palabra para este término en la lengua de llegada. Es verdad que la Real Academia Española en su diccionario prefiere no añadir anglicismos y busca palabras con raíces griegas o latinas para estos vocablos pero al fin y al cabo se ve obligada a aceptar algunos anglicismos. Muchos lingüistas opinan que la adición de anglicismos o hispanismos no es de total negativo y de hecho enriquece las lenguas.

EJEMPLOS DE ANGLICISMOS:

formatear	*to format*
disquete	*disk*
inicializar	*to initialize*

EJEMPLOS DE HISPANISMOS:

taco	*taco*
enchilada	*enchilada*
adobe	*adobe*
fiesta	*party*
siesta	*nap*

Hay ejemplos de palabras que se usan aunque una palabra en la lengua de llegada ya existe como indentar en vez de sangrar, software en vez de soporte lógico. Sería mejor evitar préstamos como éstos.

C. Vocabulario

1. Modismos con **echar(se)**

Echar a	*to begin*
Echar a perder	*to spoil*
Echar de menos	*to miss (people, pets, places)*
Echar la casa por la ventana	*to spare no expense in celebrating something*
Echar la culpa	*to blame*
Echar una carta	*to mail a letter*
Echarse a un lado	*to pull over, step aside*
Echarse de ver	*to be obvious*
Echarse una siesta	*to take a nap*

2. Cognados falsos

ESPAÑOL	INGLÉS	INGLÉS	ESPAÑOL
sentencia	*jail sentence*	*sentence*	oración
apología	*defense*	*apology*	excusa
fábrica	*factory*	*fabric*	tela, tejido
ignorar	*to not know*	*to ignore*	no hacer caso de
gracioso	*funny*	*gracious*	cortés
jubilación	*retirement*	*jubilation*	júbilo

3. Modismos

en balde	*in vain*
en lugar de	*instead of*
en punto	*sharp (with time expressions)*
en seguida	*at once, immediately*
estar por	*to be in favor of*
estar para	*to be about to*
no estar para bromas	*not to be in the mood for joking*
por el mayor	*wholesale*

Ejercicios

A. Escoja la respuesta apropiada:

1. por el mayor (retail, for the majority, wholesale)
2. apología (excuse, apology, defense)
3. echar de menos (faltar, extrañar, perder)
4. echar una carta (to deal a card, to read a chart, to mail a letter)
5. echar la culpa (disculpar, perdonar, culpar)
6. estar para (estar listo, pararse, favorecer)
7. en seguida (following, at once, second-hand)

B. Combine las expresiones de la Columna B con su mejor pareja de la Columna A.

Columna A   Columna B
_____ en lugar de   1. risible
_____ jubilación   2. to be in favor of
_____ echar a perder   3. factory
_____ echar a   4. not to be in a joking mood
_____ estar por   5. en punto
_____ fábrica   6. retirement
_____ gracioso   7. dormir
_____ no estar para bromas   8. in vain
_____ echarse una siesta   9. to spoil
_____ en balde   10. tela, tejido
                                   11. comenzar
                                   12. en vez de

D. Gramática: Para y por, en, adverbios

1. Para y por

a. **Para** —
1. indica destino o destinatario específico

   a. lugar geográfico:

      El junio que viene partiremos para Londres.
      Next June we will leave for London.

   b. uso

      Estos vasos son para agua.
      These glasses are for water.

c. personas o cosas

Los regalos son para nuestros parientes.
The presents are for our relatives.
Tenemos que escribir ensayos para la clase de historia.
We have to write essays for history class.

d. fecha u hora

Para las ocho todos estarán listos.
By 8:00 everyone will be ready.

2. in order to + infinitive

Para comprar una casa, hay que ahorrar mucho dinero.
In order to buy a house one must save a lot of money.

3. en consideración de/ en comparación con

Para el número de estudiantes esta aula es pequeña.
This classroom is small for the number of students.

4. en la opinión de, según

Para mí, este artículo no tiene sentido.
In my opinion this article makes no sense.

b. **Por**—

1. causa, razón o motivo

Por el mal tiempo, no pudimos hacer el viaje.
Because of the bad weather we could not take the trip.

2. a cambio de

Pagamos cincuenta y cinco dólares por estos zapatos.
We paid fifty-five dollars for these shoes.

3. "for the sake of, on behalf of"

Luchamos por los derechos humanos.
We are fighting for human rights.

4. "per"

Las manzanas cuestan un dólar por libra.
The apples cost one dollar a pound.

5. en lugar de

Ya que mi hermana está enferma, trabajo por ella.
Since my sister is sick, I am working for her.

6. en busca de

Enrique fue a la biblioteca por el libro de Vargas Llosa.
Henry went to the library for the book by Vargas Llosa.

7. la duración de una acción

Mis primos estudiaron por cinco años en Honduras.
My cousins studied in Honduras for five years.

8. a través de, a lo largo de con referencia a lugares

Pasando por el parque Retiro nos encontramos con María.
While walking through Retiro Park we came across Maria.

9. el medio o modo (*via*)

Ayer recibieron las buenas noticias por correo electrónico.
They got the good news yesterday via email.

10. por introduce el agente en la voz pasiva con ser

> Las minutas fueron escritas por el secretario.
> *The minutes were written by the secretary.*

11. no se usa por con **buscar**, **pedir** ni **esperar**

> La gente espera el autobús en la esquina.
> *People are waiting for the bus on the corner.*

2. En—

a. Se usa para traducir *in, at, on,* e *into*.

> Estamos en casa.
> *We are at home.*
> Tropezamos con nuestro antiguo profesor en Bogotá.
> *We ran into our former professor in Bogotá.*
> La chaqueta Nehru era muy popular en los años 60.
> *The Nehru jacket was very popular in the 60's.*
> El señor metió la mano en el bolsillo y sacó una moneda.
> *The gentleman put his hand into his pocket and took out a coin.*

b. Se puede usar el gerundio después de la preposición en con el sentido de *after*.

> En terminando el capítulo Alfredo se durmió.
> *After finishing the chapter, Alfredo fell asleep.*

c. ¡OJO! **En mi vida** y **en absoluto** se traducen *never* and *absolutely not*.

d. Hay muchos modismos que usan la preposición **en**.

e. Recuerde que unos infinitivos requieren la preposición **en**, por ejemplo: **consistir en, esforzarse en, convenir en.**

f. En construcciones de superlativo se traduce *in* por **de**.

> Es el edificio más alto de la ciudad.
> *It is the tallest building in the city.*

3. El adverbio

El adverbio que termina en –mente no es la forma preferida del adverbio. Es mejor usar otras construcciones, por ejemplo las preposiciones **con** o **de** + un sustantivo.

En vez de—

interesantemente	*se puede decir*	con interés
cuidadosamente		con cuidado
felizmente		de una manera feliz

Si hay dos adverbios en una oración que terminan en –mente, se añade **–mente** sólo al último.

> Elena habla callada y lentamente.
> *Elena speaks quietly and slowly.*

Ejercicios

A. Traduzca estas oraciones que contienen **por** y **para**.

1. ¿Para quién es esta carta?
2. Lo hicimos por Gloria porque está de vacaciones.
3. Ese grupo viaja por Suramérica por quince días.
4. Salimos para Guadalajara el tres.
5. Pagué 60 dólares por el suéter.
6. Es urgente que vayamos por el médico ahora.
7. Para un niño de dos años habla muy bien.
8. Debemos terminar la entrevista para las cuatro.
9. Estos cuadernos son para composiciones.
10. Por fin todo salió bien.

11. I'll do it for you by tomorrow.
12. We went to the store for milk and paid two dollars a gallon.
13. In order to end the war, more troops are needed.
14. This dessert is too sweet for me.
15. We go to the gym early in the morning.

B. Escoja la traducción correcta.

1. Alicia Delarrocha was seated at the piano.
    Alicia Delarrocha estaba sentada al piano.
    Alicia Delarrocha estaba sentada en el piano.

2. It is the most important work in the collection.
    Es la obra más importante de la colección.
    Es la obra más importante en la colección.

3. The challenge consisted of reading rapidly and accurately.
    El reto consistía de leer rápidamente y precisamente.
    El reto consistía en leer rápida y precisamente.

4. His mother said, "Absolutely not."
    Su madre dijo en absoluto.
    Su madre dijo absolutamente no.

5. When we are at school we cannot use our cell phones.
    Cuando estamos a la escuela, no podemos usar el móvil.
    Cuando estamos en la escuela, no podemos usar el móvil.

E. Traducciones comparadas/ equivocadas/cómicas

Para que usted pueda ver la ineficacia de la traducción a máquina, aquí tiene un texto en inglés con dos intentos de traducirlo hechos a máquina por dos servicios distintos. Favor de comparar las dos versiones con el texto original, comentar los errores y sugerir mejores maneras de expresar el sentido del original.

Giving News of America in English, with a Twist
By Holli Chmela

Voice of America, the government-sponsored news organization that has been on the air since 1942, broadcasts in 44 different languages—45 if you count Special English.

Special English was developed nearly 50 years ago as a radio experiment to spread American news and cultural information to people outside the United States who have no knowledge of English or whose knowledge is limited.

The New York Times, Monday, July 31, 2006, p. A 15.

A. Las noticias que dan de América en el ingles, con una torsión

La voz de América, la organización patrocinada del gobierno de noticias que ha estado en el aire desde que 1942, transmitir en 44 idiomas diferentes—45 si usted cuenta inglés Especial.

El inglés especial se desarrolló casi hace 50 anos como un experimento de radio para esparcir las noticias americanas e información cultural a la gente fuera de los estados unidos que tienen no conocimiento de inglés ni de cuyo conocimiento se limita.

B. Dar a las noticias de América en inglés, con una torcedura

La voz (El voto) de América, la agencia de las noticias patrocinada por gobierno que ha sido en el aire desde 1942, difusiones en 44 lenguas diferentes—45 si usted cuenta el inglés especial.

El inglés especial fue desarrollado hace casi 50 años como un experimento de radio para extender noticias americanas y la información cultural a la gente fuera de los Estados Unidos que no tienen ningún conocimiento de inglés o cuyo conocimiento es limitado.

F. Traducción

Lea el texto por completo. Teniendo en cuenta el título, ¿cuál será el tema de este texto? Piense en el vocabulario que corresponda a este tema.

Al ingles—
1. ¿Qué es un continental y qué significa "no vale un continental"?
2. ¿Qué representan las construcciones con "se"? ¿Son reflexivas, pasivas, recíprocas o indican accidentes?
3. ¿Qué significan: moneda, falsificación, la pena de muerte, se creó?
4. Segmente y traduzca el texto.

Falsificaciones de moneda
Departamento del Tesoro
Servicio Secreto de los Estados Unidos

Falsificación

La falsificación de dinero es uno de los delitos más antiguos de la historia. En algunos períodos del pasado se la consideraba como una traición y podía ser castigada con la pena de muerte.

Durante la Revolución Norteamericana los británicos falsificaron nuestra moneda en tales cantidades que la moneda continental muy pronto perdió todo su valor. "No vale un continental" se convirtió en una expresión popular que todavía se escucha.

Durante la Guerra Civil, más de un tercio del dinero circulante era falso.

En esa época, unos 1.600 bancos estatales diseñaban e imprimían sus propios billetes. Cada billete tenía un diseño distinto, lo que dificultaba la tarea de reconocer los billetes falsos entre una variedad de 7.000 tipos de billetes auténticos.

En 1863 se adoptó una moneda nacional para terminar con el problema de la falsificación. Sin embargo, la moneda nacional también fue rápidamente falsificada y circuló tan extensamente que se hizo necesario tomar medidas legales. Por lo tanto el 5 de julio de 1865 se creó el Servicio Secreto de Estados Unidos con el fin de eliminar las actividades de falsificación del dinero en el país.

Al español—

1. Hay muchos adverbios en este texto. ¿Cuáles son las maneras diferentes de expresar un adverbio en español?
2. ¿Cómo se dice *to become* en español?
3. Antes de traducir el texto, repase la posición del adjetivo.
4. ¿Por qué es importante el año 1981?
5. Segmente y traduzca el texto.

Earning Silver Status

The year was 1981, and Sandra Day O'Connor became the first woman named to the U.S. Supreme Court, François Mitterand was elected as the first French socialist president. "The Tide Is High," by Blondie, rocked the music charts and many of you became some of the very first frequent-flyer members when you joined Delta's new program.

This year, Delta celebrates the silver anniversary of our frequent-flyer program. We're proud of this significant milestone. However, it would not have been possible without your loyal support over the years, and we plan to commemorate our 25th year with special events, and customer and employee recognition, as well as exciting promotions exclusively designed for you, our sky miles members.

Initially launched as a frequent-traveler promotion, the marketing initiative quickly became one of the most popular and longest-running airline loyalty programs around. The program, which eventually was renamed "sky miles," grew from 98,000 participants in 1981 to more that 38 million members today.

Sky, April 2006, p. 8

6

A. Cronología de la traducción:

Latinoamérica

COMO ES DE SUPONER el período de encuentro con nuevas culturas es un momento importante en el desarrollo de la traducción y la interpretación. Al llegar al Nuevo Mundo Cristóbal Colón (¿1451?-1506) llevó consigo algunos hombres que sabían árabe creyendo que él iba a llegar a las islas Malucas del Oriente. Por supuesto ellos no pudieron interpretar ya que no hablaban las lenguas indígenas del Caribe. Pensando en futuras expediciones, Colón volvió a España con unos indígenas para que aprendieran español y luego le sirvieran de intérpretes al regresar al Nuevo Mundo.

El próximo explorador importante fue el portugués Fernando de Magallanes (¿1480?-1521) que circunnavegó el mundo y llevó consigo al italiano Francisco Antonio Pigafetta (1491-1534) que mantuvo un cuaderno en que apuntó el vocabulario de las diferentes lenguas encontradas en estas expediciones. Fue el que observó por primera vez los pingüinos de la Antártica.

Cuando Hernán Cortés (1485-1547) llegó a Vera Cruz en 1519, tuvo la suerte de conocer a Jerónimo de Aguilar (¿1489-1531?), un náufrago que había vivido ocho años con los mayas de Campeche, que le sirvió de intérprete. Al avanzar los españoles hacia Tenochtitlán, la capital de los aztecas, Aguilar, que no sabía náhuatl, no podía comunicarse con ellos. Pero Cortés recibió del jefe de la tribu de los tabascos una mujer indígena de forma de tributo. Ella, llamada Malintzín o Malinche y más tarde Marina, era de una familia noble y sabía hablar maya y náhuatl. Ahora, por el proceso de interpretación consecutiva Cortés podía comunicarse con los aztecas, hablando primero en español con Aguilar que tradujo al maya para Malinche que, a su vez, tradujo de maya al náhuatl para los aztecas. Era un proceso muy lento pero permitió el intercambio y más tarde cuando Malinche aprendió español esto facilitó muchísimo la comunicación.

Francisco Pizarro (¿1475?-1541) llevó consigo a España a dos indios, Felipillo y Martín, nativos de Panamá, para enseñarles español y convertirlos al cristianismo. Ellos le servían de intérpretes durante su conquista de Perú. Los dos, según anécdotas históricas, no interpretaron fielmente, o porque no tenían la habilidad lingüística ya que no hablaban quechua, la lengua de los incas, o por engaño. Un ejemplo de su mala interpretación fue el famoso requerimiento, un documento legal que explicaba que el rey español tenía derecho divino sobre las nuevas tierras. Ese documento fue leído a los caciques incas supuestamente en quechua para que aceptaran las condiciones expuestas en el requerimiento. Además de ser un problema lingüístico, los caciques incas protestaban lo injusto de tal documento, lo que precipitó la acción militar española contra ellos.

Un personaje muy interesante e importante que formó un puente cultural y lingüístico era El Inca, Garcilaso de la Vega (1539-1616). El tenía una madre inca y un padre español y se educó en España después de haberse criado en la cultura materna. Tradujo del italiano al español el famoso *Dialoghi d'amore* (*Diálogos de amor*) de León Hebreo, sin embargo su obra más famosa es *Comentarios reales de los incas* en que describe las costumbres y tradiciones incas además de darnos un ejemplo trilingüe (quechua, latín y castellano) de poesía inca. Es de notar lo que dijo el autor en cuanto a esta traducción, "Para los que no entienden indio ni latín me atreví a traduzir los versos en castellano, arrimándome más a la significación de la lengua que mamé en la leche que no a la ajena latina, porque lo poco que della sé lo aprendí en el mayor fuego de las guerras de mi tierra, entre armas y cavallos, pólvora y arcabuzes, de que supe más que de letras". La traducción al latín fue hecha por el Padre Blas Valera. Aquí presentamos los versos trilingües:

Çúmac ñusta	Pulchra Nimpha	Hermosa donzella,
Toralláiquim	Frater tuus	Aquese tu hermano
Puiñuy quita	Urnam tuam	El tu cantarillo
Páquir cayan	Nunc infringit	Lo está quebrantando,
Hina mantara	Cuius ictus	Y de aquesta causa
Cunuñunun	Tonat fulget	Truena y relampaguea,
Illapántac	Fulminatque	También caen rayos.
Camri ñusta	Sed tu Ninpha	Tú, real donzella,
Unuiquita	Tuam limpham	Tus muy lindas aguas
Para munqui	Fundens pluis	Nos darás lloviendo;
Mai ñimpiri	Interdumque	También a las vezes
Chichi munqui	Grandinem, seu	Granizar nos has,
Riti munqui	Nivem mittis	Nevarás assimesmo.
Pacha rúrac	Mundi factor	El Hazedor del mundo,
Pacha cámac	Pacha camac,	El Dios que le anima,
Vira cocha	Viracocha	El gran Viracocha,
Cai hinápac	Ad hoc munus	Para aqueste oficio
Churasunqui	Te sufficit	Ya te colocaron
Camasunqui	Ac præfecit	Y te dieron alma.

Inca, Gracilaso de la Vega.
Comentarios reales de los inca.
2ª ed. Ed. Ángel Rosenblat. Buenos Aires:
Emecé Editores, 1945, págs. 122-23.

Durante el período colonial en Nueva España (México y Centroamérica) los españoles que no podían hablar las lenguas indígenas (náhuatl y maya) utilizaban intérpretes llamados naguatlos que eran mestizos con un conocimiento de las dos culturas y supuestamente la habilidad de hablar las dos lenguas. Se sabe que no eran exactamente francos en sus tratos con los españoles y los indios porque aprendieron a aprovecharse de los dos; a veces engañando a los españoles y otras a los indios. Había intérpretes/traductores que se comportaban igual en los otros países hispanoamericanos.

La traducción puede servir los propósitos de política propagandística como con la creación de la famosa Leyenda Negra española. Este término acuñado en el siglo XX por Julián Juderías y Loyot en su libro *La leyenda negra y la verdad histórica* (1914) comenta la malísima fama atribuida a España por los Países Bajos e Inglaterra comenzando con el siglo XVI. Estos enemigos de los españoles trataban de desprestigiar la hegemonía española en el hemisferio occidental por sus traducciones intencionalmente erróneas y exageradas de las crónicas de las Indias. Uno de los cronistas, Fray Bartolomé de las Casas, que al principio se aprovechó de los indígenas, se arrepintió más tarde y escribió *Brevísima relación de la destrucción de las Indias* en que criticó el maltrato de la población indígena por parte de los españoles. No obstante cuando esta obra fue traducida al inglés en 1606, se creó un subtítulo no existente en el original que dijo, "Popery truly Display'd in its Bloody Colours: Or a Faithful Narrative of the Horrid and Unexampled Massacres, Butcheries, and all manner of Cruelties, that Hell and Malice could invent, committed by the Popish Spanish Party on the Inhabitants of West-India...Composed first in Spanish by Bartholomew de las Casas, a Bishop there, and an Eye-Witness of most of these Barbarous Cruelties; afterwards translated by him into Latin, then by other hands into...Modern English." (Hubert Herring, *A History of Latin America*, New York: Knopf, 1965, pp. 176-177).

B. Teoría y técnicas

1. La traducción y la teoría de comunicación

Ya que la disciplina de traducción es bastante nueva, toma ideas de las teorías de comunicación e información tanto como de la ciencia de la lingüística. En la teoría de comunicación e información los teóricos estudian interferencias que pueden causar problemas de comprensión. También hay que mencionar los canales de transmisión y los filtros por los cuales pasa el mensaje. Ya que el mensaje fue creado en una lengua y el que recibe el mensaje no entiende esta lengua, el traductor tiene que intervenir para facilitar la comprensión. Sabemos que el traductor tendrá que pasar el mensaje del nivel subyacente en las dos lenguas para poder subirlo al nivel de la superficie de la lengua de llegada. En el proceso hay posibilidades de interferencia como un texto mal escrito o uno en el cual faltan palabras; estas interferencias son parecidas al ruido en la teoría de comunicación. Otro tipo de interferencia es la de cultura de parte del traductor que tiene que ser bilingüe y bicultural sin imponer cualquier prejuicio de su lengua y cultura nativas al texto traducido.

Algo que facilita la traducción y la interpretación es la redundancia ya que el traductor, por ejemplo, reconoce la concordancia de género y número entre el sujeto y los adjetivos que lo modifican: los altos edificios modernos. En esta frase el artículo y los dos adjetivos indican que el sujeto es masculino y plural. Otro tipo de redundancia son las frases fijas y al empezar la frase, la persona que recibe el mensaje puede anticipar el final de la idea. Por ejemplo en español al decir entre la espada y ... el oyente o lector va a completar sin pensar el resto de la frase con <u>la pared</u> o en inglés *between a rock and <u>a hard place</u>*.

2. Calco

Según Vinay y Darbelnet el calco es "una clase de préstamo en la cual 'se toma prestado de la lengua extranjera el sintagma, pero se traducen literalmente los elementos que lo componen'". Un sintagma es una frase u oración, unidad sintáctica elemental (grupo nominal o verbal). **La ciencia ficción** es un sintagma traducido del inglés *science fiction*.

C. Vocabulario

1. Palabras confusas

ahorrar/salvar	*to save money, time / to save a life, rescue*
cultivar/crecer	*to grow (flowers, vegetables) / to grow up, to grow bigger*
gastar/pasar	*to spend money / to spend time*
parecer/aparecer	*to seem / to physically appear*
preguntar/pedir	*to ask a question / to ask for, beg*
tiempo/hora/vez	*measurable time, weather / hour of the day, moment / time as instance*
volver/devolver	*to return to a place / to return something somewhere*

2. Cognados falsos

ESPAÑOL	INGLÉS	INGLÉS	ESPAÑOL
largo	long	large	grande
marca	brand of a product	mark	señal
quitar	to take away, remove	to quit	dejar
realizar	to achieve a goal, do	to realize	darse cuenta de
recolección	compilation, summary	recollection	recuerdo, memoria
trampa	trap, snare, cheat	tramp	vagabundo

3. Modismos

no tener pelos en la lengua	not to mince words
que yo sepa/ recuerde	as far as I know, remember
saber al dedillo	to know in great detail, have it down cold
sacar en limpio	to come up with a final version
sea lo que sea / fuere	be that as it may
según mi entender	as I understand it
tocar en lo vivo	to cut to the quick
trato hecho	a done deal

Ejercicios

A. Tache la palabra que no pertenezca al grupo.

1. crecer	aumentar	cultivar	expandir
2. actuar	ejecutar	darse cuenta de	realizar
3. eliminar	quitar	dejar	abolir
4. engaño	estafa	trampa	vagabundo
5. largo	grande	enorme	inmenso
6. preguntar	pedir	rogar	implorar

B. Escoja la palabra correcta

1. Un niño (apareció/pareció) de detrás de las cortinas.

2. No puedes (volver/devolver) el libro hoy porque la biblioteca está cerrada.

3. ¿Qué te (parece/aparece) esta idea?

4. ¿Cuántas (veces/horas) fuiste a España?

5./6. No voy a (gastar/pasar) este dinero ahora, prefiero (salvarlo/ahorrarlo) para otro momento.

C. Combine las palabras de la Columna B con su pareja de la Columna A.

COLUMNA A	COLUMNA B
_____ trato hecho	1. *as I understand it*
_____ tocar en lo vivo	2. memoria
_____ sea lo que sea	3. *not to mince words*
_____ según mi entender	4. señal
_____ sacar en limpio	5. *a done deal*
_____ que yo sepa	6. *be that as it may*
_____ recuerdo	7. *as far as I know*
_____ no tener pelos en la lengua	8. saber al dedillo
_____ *mark*	9. tiempo
_____ *to know in great detail*	10. *to cut to the quick*
	11. *to come up with a final version*
	12. recolección

D. Gramática

Lo: usos y valores

1. La nominalización de adjetivos

> **Lo** + adjetivo se traduce *the + adjective + part, idea, thing*
> o   *what is + adjetive*

> Lo importante se traduce *the important thing, part, etc.* o *what is important*

2. **Lo** + adverbio

> lo más rápidamente que puedas
> *as fast as you can*

3. **Lo** + adjetivo o adverbio para traducir *how* dentro de una oración.

Hay que ver lo bonita* que es Elena.
You should see how pretty Elena is.

*¡Ojo! El adjetivo forma concordancia con el sustantivo.

Me enojé por lo tarde que llegaron.
I got angry because of how late they arrived.

4. **Lo de** se traduce *the matter of or the business of*

Lo que nos interesa es lo de las finanzas.
What interests us is the matter of the finances.

5. Para otros usos de **lo** en español véase el capítulo 2.

Ejercicio ───────────────────────────

Traduzca al español o al inglés según el caso.

1. The worst thing about the university is the parking.
2. The business of paying bills online can be complicated.
3. Can you believe how well Juanito writes the letters of the alphabet?
4. It's amazing how technologically advanced the new car models are.
5. Come as early as you can.
6. Lo más difícil es tener tiempo libre para nuestros pasatiempos.
7. Roberto me dijo lo enferma que estaba Julieta.
8. Lo de las elecciones venideras es bastante complejo.
9. Mi cuñado terminó el proyecto lo más pronto posible.
10. Veo lo cansadas que están las secretarias los viernes por la tarde.

E. Traducciones comparadas/ equivocadas/cómicas

Aquí hay unas oraciones de una hoja de información para una atracción turística. Busque los errores gramaticales y léxicos.

1. ¡Eche una mirada abajo la superficie para descubrir un mundo repleto de figurillas asombrosas!
2. El teatro esta localizado en el primer piso. Dirija arriba la escalera o elevador delante de más allá de la Tienda de Regalos y siga la señal
3. Las visitas son de una-hora.
4. En ambos visitas usted aprenderá sobre como se alimentan nuestros animales visitando el Comisario de la Cría de Animales.
5. ¿Estás hambriento? Goce el almuerzo, la cena, o un bocadito en el Café Aquaria.
6. Creemos que los océanos son las regiones más emocionantes y misteriosas en el planeta.

Aquí está el inglés.

1. Take a look beneath the surface to discover a world full of colorful characters.
2. The theater is located on the second floor. Head up the stairway or the elevator in front of the Gift Shop and follow the signs!
3. Tours are one-hour long.
4. In both tours, you'll also learn what we feed our animals by visiting the Animal Husbandry Commissary.
5. Are you hungry? Enjoy lunch, dinner, or a snack at Café Aquaria.
6. We believe that the oceans are the most exciting and mysterious regions on the planet.

F. Traducción

Lea el texto por completo. Teniendo en cuenta el título, ¿cuál será el tema de este texto? Piense en el vocabulario que corresponda a este tema. Segmente el texto y tradúzcalo.

Al español —

1. ¿De qué fenómeno cultural norteamericano trata el artículo?
2. ¿Cómo se traduce, *"I had more time on my hands"?*
3. ¿Qué problemas presenta la traducción del título?
4. Comente el uso del subjuntivo en la traducción.

Racing with Cloned Mules, It's Nature vs. Nurture
ELISE SOUKUP

When faced with an empty nest, most parents plan a trip or remodel the house. But when University of Idaho veterinary scientist Gordon Woods's last child left for college, he went a different route—he started cloning mules. "I had more time on my hands," he says. And he had the financial backing to do it. Don Jacklin, the president of the American Mule Racing Association, agreed to make a sizeable donation—provided that he could race the clone.

    Woods successfully cloned three mules in 2003 from the brother of a world-champion racing mule. Woods used those clones to study equine fertility and the relationship between calcium regulation and disease. Once his research was done, two of the clones—Idaho Gem and Idaho Star—were trained separately to race. They'll face off next week in Winnemucca, NEV, where they'll race non-clones. "It's nature vs nurture," says Woods.

Newsweek, June 5, 2006, p. 12.

Al inglés—

1. ¿Cómo influye el uso de tú en la traducción del texto?
2. ¿Cómo se traduce "andas buscando"?
3. ¿Qué dificultades tenía usted con la traducción de los términos técnicos?
4. ¿Cuál es la mejor traducción para "bastante sencillas"?

De todo para tus pies

Si no encuentras en tiendas los zapatos que andas buscando, date una vuelta por Internet. Estos *websites* no sólo tienen la variedad más grande que te puedas imaginar, sino también ofertas para todos los bolsillos.

Zappos.com. Este portal posee probablemente la oferta más grande de zapatos de la red. Sus herramientas de navegación son bastante sencillas y puedes buscar por género, modelos, tallas, marcas y hasta por el alto taco. Las gangas están en la sección *OnSale*, donde puedes encontrar descuentos de hasta el 70% y un segmento especial donde todo está por debajo de $39.95. Además, el envío es gratuito, al igual la devolución de la mercadería, en caso de que no quedes contento con la compra.

Shoes.com. En esta tienda virtual están las marcas más populares del mercado. Su buscador es bastante sencillo de manejar y su sección *sale* tiene ofertas de hasta el 80% de descuento. El envío y las devoluciones son también gratuitos y, por un costo adicional variable, Shoes.com también realiza envíos fuera de los Estados Unidos.

Tu dinero, junio 2006, pág. 12.

José Martí

7

A. Cronología de la traducción:

Traducción en el siglo XVII

OMO HEMOS VISTO EN el capítulo 5 había un número inaudito de traducciones del griego y del latín en el siglo XVI debido al interés por leer las obras clásicas. Esta tendencia seguía en el próximo siglo pero ahora vemos el principio de una ciencia de la traducción. Sebastián de Covarrubias en su *Tesoro de la lengua castellana o española* escrito entre 1606 y 1610 creó un magnífico diccionario de términos usados en este período incluyendo etimologías (origen de las palabras), neologismos (invención de nuevos términos) y extranjerismos (préstamos de otros idiomas). Según el comentario de Covarrubias, "si esto no se haze con primor y prudencia, sabiendo igualmente las dos lenguas, y trasladando en algunas partes no conforme a la letra pero según el sentido" la traducción estará mal hecha. El famoso autor de *Don Quijote de la Mancha*, Miguel de Cervantes, también aporta una definición de la traducción en esta obra diciendo: "Pero, con todo esto, me parece que el traducir de una lengua en otra, como no sea de las reinas de las lenguas, griega y latina, es como quien mira los tapices flamencos por el revés. Que aunque se veen las figuras, son llenas de hilos que las escurecen (oscurecen), y no se veen con la lisura y tez de la haz. El traducir de lenguas fáciles ni arguye ingenio ni elocución, como no le arguye el que traslada ni el que copia un papel de otro papel. Y no por esto quiero inferir no sea loable este ejercicio de traducir, porque en otras cosas peores se podría ocupar el hombre y que menos provecho le trujesen (trajesen)" (Parte II, cáp. 62).

Como podemos ver Covarrubias y Cervantes reconocen la necesidad de traducir sentido por sentido y aun así se pierde algo del original. Hoy en día reconocemos como estos autores la necesidad de escribir bien en la lengua materna con fidelidad, gracia y fluidez. De este siglo en adelante muchos traductores escriben una introducción o prefacio a la obra que tradujeron exponiendo sus teorías, pautas y métodos para conseguir una buena traducción.

B. Teoría y técnicas

La tercera lengua, El mapa semántico

1. La tercera lengua[1] es la lengua en que muchos traductores no capacitados y aun algunos que lo son, traducen un texto a la lengua término. Es una traducción en que todas las palabras están en inglés o español sin errores de ortografía o de gramática, sin embargo la traducción no suena natural porque el traductor ha juntado palabras que no se combinan normalmente en este contexto. Las palabras no son apropiadas para el tema y la traducción presenta problemas estructurales y de registro (Child, 157-8). Un ejemplo es un aviso en una consulta médica, *Present insurance and I.D. all the time you come to the office* en vez de *each time you come to the office*.

2. El mapa semántico es una herramienta importante para el traductor porque puede ayudarlo a determinar el uso correcto de una palabra o contrastar sentidos opuestos o determinar el registro apropiado de términos. Se puede usar la técnica para una lengua o comparando dos lenguas. Unos ejemplos con sus diagramas son:

DRAWER		CARRO	
dibujante	cajón	cart	car

---

[1] Ver Alan Duff, *The Third Language: Recurrent Problems of Translation into English*. N.Y.: Pergamon Institute of English, 1981.

MATRIMONIO		
marriage	matrimony	married couple

Son ejemplos de coincidencia semántica parcial y el traductor tiene que entender el sentido de la palabra y su uso en la oración antes de escoger el vocablo correcto según el contexto.

C. Vocabulario

1. Palabras confusas

crimen/delito	*crime that leads to murder /*
	any other crime or offense
encontrarse con/reunirse	*to come across, run into / to have a meeting*
gente/la(s) persona(s)	*people, crowd / person(s), individuals*
jugar/tocar	*to play a game / to play a musical instrument*
saber/conocer	*to know specific information / to be acquainted,*
	be familiar with
salir/dejar	*to go out of, leave a place / to leave something*
	somewhere
trabajar/funcionar	*to work (people) / to work (machines)*

2. Cognados falsos

ESPAÑOL	INGLÉS	INGLÉS	ESPAÑOL
arena	*sand*	*arena*	estadio, coliseo
delito	*crime*	*delight*	deleite
editor	*publisher*	*editor*	redactor
injuria	*injustice, insult*	*injury*	daño, herida
moroso	*behind on payments*	*morose*	malhumorado, hosco
relación	*relationship*	*relation (kin)*	pariente

3. Modismos

parece mentira	*it seems impossible*
pares y nones	*odds and evens*
poner en claro	*to clear up*
ponerse colorado	*to blush*
saber a	*to taste of*
salirse con la suya	*to have one's way*
saltar a la vista	*to be obvious*
sentir en el alma	*to feel deeply, regret*
sin novedad	*nothing new*
trabar amistad	*to strike up a friendship*

Ejercicios

A. Busque antónimos en las expresiones estudiadas de esta lección para los vocablos a continuación.

1. cooperarse
2. halago
3. buenas obras
4. descomponerse
5. entrar
6. recoger
7. ignorar
8. relajar
9. contento
10. tristeza

B. Tache la palabra que no pertenezca al grupo.

1. estadio	arena	pista	coliseo
2. injuria	herida	lesión	daño
3. tío	abuelo	relación	pariente
4. poner en claro	explicar	saber a	aclarar
5. sonrojarse	ruborizarse	parece mentira	ponerse colorado
6. persona	pueblo	individuo	ser humano

D. Gramática

Los relativos

1. que

a. Que es el relativo de uso más frecuente. Puede referirse a personas y a cosas. Se traduce que como *that, who, whom,* o *which.*

"Génesis" es el primer cuento que leí en español.
*"Genesis" is the first story that I read in Spanish.**

* En inglés se puede omitir el relativo en la traducción.

El muchacho que salió corriendo a la calle es mi hermano.
The boy who ran out into the street is my brother.
Fernando, que conocí ayer en la fiesta, es boliviano.
Fernando, whom I met yesterday at the party, is Bolivian.

b. No se puede usar que después de preposiciones excepto: **con, de** y **en.**

La casa en que vivo está en las afueras de la ciudad.
The house I live in is in the suburbs.
El perro con que soñé anoche apareció en la puerta de mi casa hoy.
The dog I dreamed about last night appeared at my door today.
El asunto de que hablamos ayer ya no parece tan serio.
The matter we spoke about yesterday no longer seems so serious.

2. quien/quienes

a. Se refieren a personas pero también se puede usar el relativo **que** a menos que preceda una preposición.

El hombre, que/quien habla con mi tía, es ingeniero.
The man, who is talking to my aunt, is an engineer.

b. con preposiciones

Los candidatos contra quienes votamos quieren aumentar los impuestos.
The candidates against whom we are voting want to raise taxes.

c. q**uien/quiene**s se traducen *the one/ones, she, he, they, those who*

Quien ríe último, ríe mejor.
He who laughs last, laughs best.
Quienes compran el boleto temprano, recibirán un descuento.
Those who buy their tickets early, will receive a discount.

3. **El/la/los/las que** o **el/la/los/las cual,-es** pueden referirse a cosas o personas.
    a. Cuando hay dos antecedentes en una oración, se usa una forma de estos relativos que indica el género y el número del antecedente en cuestión para evitar la ambigüedad.

La tía de Mauricio, la que/la cual cocina muy bien, acaba de llegar de Córdoba.
Mauricio's aunt, who cooks so well, has just arrived from Cordoba.

b. Cuando hay preposiciones largas entre el antecedente y el relativo

Esa casa, detrás de la cual/la que hay un jardín precioso, pertenece al alcalde.
That house, behind which there is a beautiful garden, belongs to the mayor.

c. Igual que **quien/quienes** se traducen **el/la los/las que** *the one/ones, he/she, they, those who.*

Los que comen demasiado suben de peso.
Those who eat too much gain weight.

d. Lo que/lo cual se refieren a ideas y no a sustantivos específicos.

  Hace mucho calor aquí lo que/lo cual me hace bastante incómodo.
    It is very hot here which makes me rather uncomfortable.

4. Para traducir *that which* o *what* (y no **qué** interrogativo) en una oración se usa sólo **lo que.**

  Lo que dijiste anoche me preocupa mucho.
    What you said last night worries me a great deal.
  Roberto no hizo lo que le dijimos.
    Robert didn't do what we told him.

5. **Cuyo,-a/-os/-as** es un adjetivo relativo y forma concordancia con la cosa poseída y no con el poseedor.

  Mi amiga, cuyo viaje a Italia fue cancelado, escogió otro itinerario.
    My friend, whose trip to Italy was canceled, chose another itinerary.
  Amalia, cuyo jefe no la trata bien busca otro empleo.
    Amalia, whose boss does not treat her well, is looking for another job.

6. Recuerde que cuyo y sus formas nunca traducen el interrogativo *whose.*

  Whose book is this?
    ¿De quién es este libro?

Ejercicios _____

  A. Escoja el relativo correcto.

  1. Busco un mecánico (quien, que) pueda arreglar mi coche.
  2. El embajador (cuyo, cuya) hija asiste a una universidad norteamericana vino a visitarla.
  3. (Los que, el que) escribe con muchos errores gramaticales no puede sacar una buena nota.
  4. El parque del Retiro dentro (del cual, de que) hay un lago magnífico antes

era un palacio real.

5. Los niños hacen mucho ruido (lo que, el que) me da una jaqueca.

6. (Lo cual, lo que) veo aquí es un desastre.

7. Me gustaría saber (de quién, cuya) es esta cartera.

8. Las pinturas de Armando, (el que, las que) es español, muestran escenas andaluzas.

9. El joven para (quien, que) Jaime trabaja es el director de programas al extranjero.

10. El escritorio sobre (el cual, que) hay un montón de papeles es una antigüedad.

B. Combine dos oraciones en una con el relativo apropiado y tradúzcala.

1. That man is a movie star. She is dreaming about that man.

2. The car is parked in front of my house. That bothers me.

3. The monastery is ancient. There are many books inside it.

4. Adriana is very happy. Her fiancé is coming home today.

5. The circus arrived today. The circus has many elephants.

6. Una mujer preguntó por ti. No recuerdo su nombre.

7. Esta es la puerta de la oficina. Ella entró por esta puerta.

8. El doctor llegó temprano hoy. Esto me sorprendió.

9. Busco el apartamento de Javier. En frente de su apartamento está la administración.

10. Estábamos hablando de la música de Vivaldi. Su música es muy bella.

E. Traducciones comparadas/ equivocadas/cómicas

Tomando en cuenta lo que se ha dicho en la sección de teoría sobre la tercera lengua, busque ejemplos de tercera lengua en este texto. También hay otros errores que usted debe indicar. El texto original en español se da al final de la traducción al inglés.

Generales Conditions:

Visits and excursions established in this program, include: Transportation in motorcoach, entrances fees to the monuments, lunch in full-day tour and the services of a guide. Extras are not included. Prices, schedules and itineraries mentioned in this program are subject to total or partial alterations, according to circonstances and the client may choose to accept them, being informed before the departure of the visit or excursion, or else to obtain the refund of the total amount paid for, without any right to indemnification. Once the visit or excursion has started the clients are requested to subject themselves to the correct discipline and trust of the guide, who is fully authorized to introduce whatever modifications he considers necessary by official or others reasons.

Condiciones generales:

Las visitas y excursiones que figuran en este programa comprenden el importe en autocar, las entradas a monumentos, y los servicios de guía. No incluye toda clase de extras. Los precios, horarios e itinerarios del programa pueden ser modificados si las circunstancias lo imponen, en cuyo caso los clientes podrán optar por aceptar las modificaciones que se produzcan, de las que se informará antes de iniciarse el servicio, o solicitar el reembolso del importe abonado, a través de la oficina emisora del ticket, sin opción a indemnización o reembolso parcial. Una vez iniciada la visita o excursión, todos los componentes han de someterse a la correcta disciplina del guía, quien se halla suficientemente facultado para introducir cuantas modificaciones aconsejen o impongan las circunstancias, bien por razones de coincidencia, tanto de orden oficial o privado, como por otras.

F. Traducción

Lea el texto por completo y subraye las palabras o términos desconocidos. Segmente el texto y tradúzcalo.

Al español—
1. ¿Cómo se traduce el título? ¿A qué se refiere *stunner*?
2. ¿Qué términos usó Ud. para expresar *self-aware, mirrored rooms, they're seeing themselves.*
3. ¿Era bastante difícil o no esta traducción? Explique.

Who's That Stunner?
MARY CARMICHAEL

Enlightened types say they're "self-aware" when they mean they're one with the universe. But for scientists who study animal behavior, the term "self-awareness" has always meant something much more down to earth. Since the 1970's researchers have been investigating whether animals, like humans, can think about themselves, their past and their future. To find out, they draw markings on animals' bodies and put them in mirrored rooms. If the animals spot the markings and pose so as to examine them better, they understand that they're seeing themselves. According to the theory, they're self-aware.

The trouble is scientists are finding that the theory doesn't always match the data. Creatures that don't have brains built for self-awareness (at least as we know it) have recently passed the mirror test. Other animals that fail the test show signs of self-awareness in the wild. And still others seem to be "semi-self-aware"—they don't quite pass but they don't quite fail either. "People have always looked at self-awareness as black and white, something you either have or you don't," says primatologist Franz de Waal. "But it's incredibly hard to define."

Newsweek, June 5, 2006, p. 12.

2. Al inglés—
1. ¿Qué recueda Ud. sobre la ortografía de los gentilicios (adjetivos de

nacionalidad)?

2. ¿Cómo se puede evitar el uso de la tercera lengua al traducir "se mostraron sorprendidos"?

3. ¿Cómo ha traducido Ud. "en la selva profunda" para que la expresión sea idiomática en inglés?

Encuentran paraíso

La organización privada internacional Conservation Foundation dio a conocer la localización de una zona en el este de la isla de Java, Indonesia, a la que los investigadores describieron como 'un mundo perdido', en el cual encontraron docenas de especies animales y plantas. Bruce Beehler, uno de los líderes de la expedición, calificó al lugar como "lo más cercano al Jardín del Edén". En este sitio, situado en la selva profunda de las montañas Foja, descubrieron ejemplares raros de mariposas y de ranas, una gran variedad de plantas, una especie de canguro que se creía extinta y una clase de pájaro pequeño desconocido hasta ahora por la ciencia. El grupo de investigación, compuesto por miembros estadounidenses, australianos e indonesios, tuvo que ser transportado al lugar en helicóptero, y permaneció ahí casi un mes. Los científicos reportaron que no existe evidencia de contacto con la civilización o presencia humana en los alrededores. Incluso dos grupos indígenas de la isla se mostraron sorprendidos por el aislamiento del área. Sin embargo, la mayoría de los animales que encontraron no tenía temor al contacto con los humanos.

Muy interesante, abril 2006, pág. 10.

Estimado Huésped:

Para su propia comodidad, por favor no entre con su ropa mojada. Los asientos son de tela. Gracias por su Comprensión.

For your own comfort, please among with its clothes not wet. The seats are of cloth.

Thank you.

LAURA UZUPYTE

8

A. Cronología de la traducción

El siglo XVIII, la Ilustración

N ESTA ETAPA, ESPAÑA refleja la influencia de Francia ya que Felipe V es el primer rey español de los Borbones y las instituciones culturales francesas se difunden por todo el país. Por ejemplo la Real Academia de la Lengua se estableció en 1714 con el propósito de limpiar, fijar y dar esplendor a la lengua castellana. Esta meta de la Academia indica que muchos se preocupaban por el estado de español y tenían el deseo de embellecerlo y mantener lo castizo de la lengua sin la introducción de palabras extranjeras especialmente francesas (galicismos). Asimismo un académico, Bernardo de Iriarte, propuso en 1763 la creación de una Academia de Traductores para vigilar y regular el oficio del traductor. Esta idea nos muestra otra vez que debe haber habido un sinfín de traducciones malísimas cuya publicación se debía evitar. La crítica dirigida contra muchos traductores de esta época es que no saben bien su propia lengua y por eso introducen extranjerismos.

En resumen la traducción practicada en el siglo XVIII, según Ruiz Casanova, manifiesta:

1) el debate entre la corrupción extranjera y el neologismo necesario;
2) la discusión sobre la pobreza del vocabulario científico castellano que obstaculiza la creciente traducción científica desde 1719;

3) la incidencia del mercado editorial en la demanda de traducciones, así como en la traducción de obras teatrales; y

4) la influencia de la preceptiva literaria en la teoría y práctica de la traducción".

(Alberto Ballestero. "Ilustración y traducción",
La linterna del traductor, núm. 6, junio 2003).

Un famoso autor y traductor dieciochesco es Leandro Fernández de Moratín que tradujo Horacio, Molière y Voltaire.

B. Teoría y técnicas:

Registro/estilo, Proceso y producto

1. Registro/estilo. El texto traducido debe mantener el mismo registro/estilo como el original. El registro se observa en el tono de la traducción. Por ejemplo hay varios niveles de tono como pedante, formal, neutral, casual y vulgar. Si el tono es neutral y el traductor usa una palabra pedante, el lector reconoce inmediatamente que hay alguna discrepancia en lo que lee. En un texto traducido al inglés de tono neutral la palabra *visage* para *face* suena raro porque *visage* es del registro pedante y no apropiado para el texto. El cambio de registro es una falta bastante común del traductor principiante ya que no reconoce los diferentes registros o porque quiere mejorar el texto original. Sólo la observación, la lectura y la práctica de traducir textos pueden elucidar los matices del registro.

2. Proceso y producto. Ya que hemos presentado en el Capítulo preliminar las etapas del proceso de acercarse a un texto para traducirlo, es necesario hacer hincapié en el producto final. La traducción acabada debe ser revisada y pulida con cuidado para mantener el registro del original y producir un texto preciso e inteligible que no suene a traducción. Recuerde que una traducción palabra por palabra no da el sentido del texto.

C. Vocabulario

1. Palabras confusas

criar/crear	*to rear / to create*
cuento/cuenta	*story / bill*
el orden/la orden	*order, disposition of things / religious order, command*
leña/madera	*firewood / wood, timber*
lucha/combate/pelea	*struggle / fight (combat) / fight (quarrel)*
porque + verbo conjugado/ a causa de + sustantivo	*because / because of*
solo/sólo/el único	*alone (adj.) / only (adv.) / the only + noun*

2. Cognados falsos

ESPAÑOL	INGLÉS	INGLÉS	ESPAÑOL
mandatario	*political head*	*mandatory*	obligatorio
oficio	*job, occupation*	*office*	oficina
plantear	*to raise a question*	*to plant*	plantar
relevante	*outstanding*	*relevant*	pertinente
remarcar	*to mark again*	*to remark*	decir, observar
resorte	*spring*	*resort (vacation)*	lugar de vacaciones

3. Modismos

función corrida	*all day program, repeated showings*
hay moros en la costa	*someone is listening, the coast is not clear*
llevarse bien/mal	*to get along well, badly with*
lo de menos	*that's the least of it*
ni a tiros	*not for anything*
no tener remedio	*to be beyond help*
pagar a plazos	*to pay on the installment plan*
pagar en la misma moneda	*to get even*
para el colmo de males	*that's the last straw*
tanto...como	*both... and*

Ejercicios

A. Tache la palabra que no pertenezca al grupo

1. cuento	narración	cuenta	relato	historia
2. resorte	espiral	lugar de vacaciones	muelle	tensor
3. percatarse	observar	decir	remarcar	notar
4. sobresaliente	relevante	pertinente	notable	distinguido
5. plantar	plantear	sembrar	labrar	cultivar
6. obligatorio	imperativo	imprescindible	mandatario	necesario
7. oficina	labor	empleo	ocupación	oficio

B. Escoja la palabra correcta.

1. Mi tío tiene una finca fuera de la ciudad donde (crea, cría) toros.
2. No tenemos bastante (leña/madera) para construir esta cabaña.
3. Santa Teresa de Ávila fundó (el orden/la orden) de las carmelitas descalzas.
4. Los amantes tenían (una lucha/una pelea/un combate) y ahora no se hablan.
5. (La lucha/la pelea/el combate) por los derechos humanos continúa hoy en día.
6. Jaime se fue (a causa de/porque) no pudo encontrar empleo.
7. Mi (única, sola, sólo) hija se casó con un norteamericano y se fue a vivir en Estados Unidos.

C. Combine las palabras de la Columna B con su mejor pareja de la Columna A.

COLUMNA A	COLUMNA B
_____ tanto…como	1. *to get even*
_____ para el colmo de males	2. combate
_____ *to pay on the installment plan*	3. ni a tiros
_____ hay moros en la costa	4. *both…and*
_____ *to get along well, badly with*	5. crear
_____ *not for anything*	6. *someone is listening*
_____ función corrida	7. *that's the last straw*
_____ lo de menos	8. llevarse bien/mal
_____ no tener remedio	9. pagar a plazos
_____ pagar en la misma moneda	10. *to be beyond help*
	11. *that's the least of it*
	12. *all day program, repeated showings*

D. Gramática

Usos del pretérito y del imperfecto

1. Pretérito
a. Indica el principio o el final de una acción.

Las clases empezaron el 23 de septiembre.
La guerra terminó el 6 de junio.

b. Se usa para indicar una serie de acciones terminadas en el pasado.

Julio me llamó tres veces ayer.

2. Imperfecto
a. Indica una acción o condición en el pasado sin referencia al principio o al final.

El niño estaba enfermo.
Los Jiménez viajaban por todo el mundo.

b. Indica una acción habitual o repetida en el pasado, traducida al inglés por *used to* + infinitivo.

Pasábamos todos los veranos en el campo en la finca de nuestros abuelos.

c. Se usa para describir algo en el pasado.

El hombre llevaba un saco negro y fumaba un cigarro.
El agua brillaba bajo la luz de la luna.

d. Presenta una acción en progreso.

    Estaba escuchando la música mientras leía el periódico.

e. Se usa para expresar la hora y el tiempo en el pasado.

    Eran las tres cuando llegó el correo.
    Hacía calor ayer.

f. Se usa para expresar condiciones o estados emocionales y mentales en el pasado.

    Esteban me amaba como un loco.
    Siempre pensaba yo que éramos amigos.

¡OJO! Si la emoción o acción mental es el resultado de un acto específico, se usa el pretérito.

    Tuve miedo al oír un ruido muy raro cuando se abrió la puerta.

g. En el estilo indirecto se usa el imperfecto para expresar lo que otro dijo.

    El profesor dijo que teníamos que entregar la tarea para el jueves.

3. Verbos que cambian el sentido en el pretérito.

	IMPERFECTO	PRETÉRITO
conocer	knew	met
poder	could, was able	succeeded in, could (and did)
no poder	could not, was not able	tried but failed
querer	wanted, loved, wished	tried
no querer	did not want	refused
saber	knew, knew how to	learned, found out
tener	had	received
tener que	had to	had to (and did)

Juan trataba de levantar la mesa pesada pero no pudo.
> *Juan tried to lift the heavy table but he couldn't.*

Elena quería salir pero Roberto no quiso.
> *Elena wanted to go out but Roberto refused.*

Los estudiantes tenían que prepararse para el examen final.
> *The students had to prepare for their final.*

Ayer tuve una carta de Pablo.
> *I received a letter from Pablo yesterday.*

Conocí a Jorge en la fiesta de María.
> *I met Jorge at María's party.*

Raúl no estaba en la reunión y supimos que estaba fuera del país.
> *Raul was not at the meeting and we learned that he was out of the country.*

Ejercicio

A. Traduzca estas parejas de oraciones y explique la diferencia entre ellas según el uso del pretérito y el imperfecto.

1. Sabía que Gerardo estaba en el edificio.
   Supe que Gerardo estaba en el edificio.
2. Conocíamos a Margarita porque trabajaba en nuestra oficina.
   Conocí a Margarita cuando empezó a trabajar en nuestra oficina.
3. Rosa quería entender el ensayo de Ortega.
   Rosa quiso entender el ensayo de Ortega.
4. Los jóvenes no podían asistir al concierto.
   Los jóvenes no pudieron asistir al concierto.
5. Ricardo tenía que sacar la basura.
   Ricardo tuvo que sacar la basura.

B. Traduzca las oraciones al inglés o al español según corresponda.

1. While we were sitting on the bench in the park it began to rain.
2. Lucía used to enjoy playing hide and seek when she was young.
3. It was three o'clock when the package arrived.
4. The Ruiz family was eating when the phone rang.
5. Everyone loved reading the comics on Sunday mornings.
6. Me dijeron que pasaban por aquí cinco veces ayer.

7. Todos los años cenábamos en este restaurante para celebrar la Nochebuena.

8. Me notificaron que no iban a llegar a tiempo.

9. Firmaron el tratado el 25 de febrero.

10. Salieron del hotel, tomaron un taxi y llegaron al aeropuerto.

E. Traducciones comparadas/ equivocadas/cómicas

Corrija estas frases.

1. no social, no crédito, no depósito, no contrato

2. busquele el nombre

3. el día 7 de Octubre

4. llenelo con su nombre

5. entreguelo al conductor

6. el expo nacional más grande para futuro y nuevos padres

7. Pregunténos por nuestro servicio de blanqueamiento de dientes.

8. Lamento mucho que algunos colombianos se han ido desligando de lo nuestro.

9. Actualmente, se dedica a la pre-producción de la comedia "Matricomio" y "Si yo me muestro quién las quiere", que se estrenarán en septiembre.

10. El estilo y la coreografía de las batallas es como el de los caballeros en el siglo XI en España.

F. Traducción

Lea el texto por completo. Teniendo en cuenta el título, ¿cuál será el tema de este texto? Piense en el vocabulario que corresponda a este tema. Segmente el texto y tradúzcalo.

Al español---

1. ¿Cómo se traduce *five feet six* al español?

2. ¿Cómo traduce usted las tres formas de la palabra *annihilate*?
3. ¿Cómo se traduce *English Channel*?

The Battle of Trafalgar
By SIMON WORRALL

By the summer of 1805, Napoleon had massed 90,000 troops in Boulogne for an invasion across the English Channel. But he had yet to assemble the naval power to protect his troops during a crossing. "England was in the middle of a war for national survival," says Andrew Lambert, a professor of naval history at King's College London. "More taxes were collected per capita in the war against Napoleon than in the war against Hitler. For Nelson, the French were the enemy, and they had to be annihilated."

Annihilate was one of Nelson's favorite words. "It is annihilation that the country wants, not merely a splendid victory," he told his officers before the Battle of Trafalgar. The word was almost certainly on his lips as he paced the quarterdeck of *Victory* that morning, with his closest friend, the ship's captain, Thomas Masterman Hardy. They made a curious pair. Hardy was six feet four, a burly Dorset man of farming stock. Nelson was five feet six, narrow-shouldered and with the body of a ballet dancer.

National Geographic, October 2005, p. 60

Al inglés—
1. ¿Cuál es la profesión de Rafael Viñoly y por qué es importante saber este hecho para traducir el texto?
2. ¿Cómo se traduce "tan internacional como"?
3. ¿En qué sustantivos se basan las palabras "universitarios y deportivas"?

Curvas y bemoles de un arquitecto
Por CALEB BACH

Creador de proyectos gigantescos,
Rafael Viñoly diseña espacios plenos de luz
y extraordinaria fuerza

El arquitecto Rafael Viñoly, que nació en Montevideo, estudió en Buenos

Aires y vive en la ciudad de Nueva York, supervisa una práctica tan internacional como sus antecedentes. Autor de elegantes edificios en varios continentes, Viñoly desecha las fórmulas posmodernistas y desconstruccionistas y prefiere los diseños específicos, que los críticos han elogiado por su pura y graciosa línea y su inteligente lógica interna. Aunque se siente cómodo con estructuras pequeñas como residencias privadas y locales de ventas, su reputación se basa principalmente en sus proyectos en gran escala—edificios universitarios, centros de espectáculos artísticos e instalaciones deportivas—que él y su equipo de asistentes diseñan en sus oficinas de Nueva York, Buenos Aires y Tokio.

Américas, febrero de 2000, pág. 14.

La Real Academia de la Lengua

9

A. Cronología de la traducción:

Siglo XIX

TRES TENDENCIAS SOBRESALEN EN este siglo en cuanto a la traducción: la introducción de nuevos extranjerismos al castellano, traducciones de traducciones y la preferencia por parte de casas editoriales por traducciones hechas de obras en otras lenguas en vez de patrocinar la literatura española. Además de muchos galicismos, empiezan a aparecer anglicismos y germanismos en las traducciones y en la lengua castellana. Las influencias alemanas e inglesas en la literatura y el arte son la causa de estos neologismos en español. Ramón de Mesonero Romanos (1803-1882) comenta "La manía de las traducciones ha llegado a su colmo. Nuestro país, en otro tiempo tan original, no es en el día otra cosa que una nación de traductores". (José Francisco Ruiz Casanova, *Aproximación a una historia de la traducción en España*, Madrid: Cátedra, 2000, pág. 402).

El problema más grave de las traducciones al español de obras inglesas y alemanas es que usaban traducciones francesas para hacerlas, es decir que las traducciones eran traducciones de traducciones en vez de ser una traducción del texto original. Esta práctica resultó en traducciones poco fieles al texto original y llenas de errores de todo tipo.

Mariano José de Larra, costumbrista decimonónico, tradujo por dinero para satisfacer a los editores pero a la vez criticó tantas malas traducciones.

El rey Fernando VII (1814-1833) introdujo un régimen absolutista en

España y por eso muchos intelectuales, literatos, militares y religiosos se exiliaron en Francia e Inglaterra. En el exilio empezaron a traducir principalmente para sobrevivir y muchas de estas traducciones eran de calidad cuestionable. Uno de estos exiliados era el ensayista y traductor José María Blanco-White que divulgaba las ideas de la cultura clásica española en Inglaterra e hizo lo mismo con la cultura inglesa en España. Otro caso de un exiliado que tradujo para mantenerse fue el patriota cubano José Martí (1853-1895), quien tenía otro propósito que era obtener apoyo para la lucha de independencia de su patria de España de parte de los cubanos que vivían en Estados Unidos y otros países latinoamericanos.

Una fuerza positiva en contraste con lo negativo de las traducciones hechas en este siglo fue Marcelino Menéndez Pelayo (1856-1912) que escribió *Biblioteca de traductores españoles*, que contiene una serie de artículos sobre traducciones españolas de autores clásicos y autores en lenguas vernáculas, algunos famosos y otros no tanto. Los ensayos se organizan en orden alfabético según el nombre del traductor. El resultado es "la recopilación bibliográfica más completa de los traductores españoles (de la Edad Media al siglo XIX) que se haya realizado hasta la fecha".

(Ruiz Casanova, José Francisco.
Aproximación a una historia de la traducción en España.
Madrid: Cátedra, 2000, pág. 446)

B. Teoría y técnicas:

El público destinatario, Transposición

1. El público destinatario es el lector a quien se dirige la traducción. El autor del texto original determina su público y el traductor tiene que mantener el registro, tono y estilo del original para transmitir este mensaje del original al público de la lengua término. En inglés este término se traduce por *the prime reader*. ¡OJO! El traductor no debe cambiar, enmendar, mejorar ni tomar libertades con el texto original.

2. Transposición. Según la definición de Vinay y Darbelnet la transposición es el procedimiento en que se modifica la categoría gramatical de una parte de la oración sin afectar el sentido original. (Vinay y Darbelnet, pág. 50).

Unos ejemplos son: *He's a good speaker.* **Él habla bien.** *I helped him up.* **Lo ayudé a levantarse.**

De repente	*suddenly*	frase preposicional a adverbio
Poder adquisitivo	*purchasing power*	adjetivo a participio presente
Se oscurece	*it is getting dark*	verbo más adjetivo

Lo prepararon <u>a fondo</u> para la rueda de prensa.
He was <u>thoroughly</u> briefed for the press conference. frase preposicional a adverbio

Otra categoría de esta técnica es la transposición cruzada que se estudia en cursos más avanzados de traducción. En esta técnica "el inglés suele seguir en la descripción el orden de las imágenes mientras que el castellano presenta primero el resultado de la acción y luego los medios para llevarla a cabo". (López Guix, pág. 264). Unos ejemplos son: *He tiptoed out.* **Salió de puntillas** y *She pushed the door open.* **Abrió la puerta de un empellón.**

Ejercicio ————————————————————————

Traduzca las frases a continuación observando las categorías de transposición indicadas.

Adverbio a adjetivo

1. We're <u>obviously</u> on some planet.
2. A <u>genuinely</u> international body.

Adjetivo a adverbio

3. Eduardo siempre había sido <u>veloz</u> para aprender.
4. Jaime quería indicarlo con la <u>máxima</u> claridad.

Sustantivo a adjetivo

5. Tuvo <u>dificultad</u> en hacer los arreglos de viaje.
6. No constituyó una influencia de inmenso <u>poder</u>.

Adjetivo a sustantivo

7. I'm not being <u>melodramatic.</u>
8. To set someone <u>free.</u>

C. Vocabulario

1. La palabra *back*.

la puerta trasera (de atrás)	*back door*
contener	*to hold back*
dar marcha atrás	*to back up a vehicle*
detrás de	*in back of*
devolver la llamada	*to call back*
devolver, reembolsar	*to pay back*
dorso, reverso, respaldo	*back of a check or document*
dorso, revés, envés	*back of a hand*
espalda(s)	*back of a person*
fondo	*background of a picture, back of a room*
la parte de atrás	*back of a house*
lomo	*back of an animal, back of a book*
número atrasado	*back issue*
respaldar	*to back up (support)*
respaldo	*back of a chair*
retroceder	*to back away*
viajar con mochila	*to backpack*

2. Cognados falsos

ESPAÑOL	INGLÉS	INGLÉS	ESPAÑOL
localizar	*to track down*	*to locate*	ubicar, situar
escolar	*schoolboy, girl*	*scholar*	erudito, estudioso
sanidad	*sanitation*	*sanity*	salud mental

recordar	*to remember*	*to record*	grabar, registrar, apuntar
sopa	*soup*	*soap*	jabón
ropa	*clothes*	*rope*	cuerda, soga

3. Modismos

a menudo	*often*
algo por el estilo	*something like that*
buen provecho	*enjoy your meal, bon appétit*
costar un ojo de la cara	*to cost an arm and a leg*
de la noche a la mañana	*overnight, in a short time*
digno de confianza	*reliable*
don de gentes	*charisma, way with people*
estar de luto	*to be in mourning*
ganarse la vida	*to earn a living*
mientras tanto	*meanwhile*

Ejercicios

A. Tache la palabra que no pertenezca al grupo.

1. sanidad	higiene	limpieza	salud mental	salubridad
2. devolver	quitar	reembolsar	redimir	restituir
3. erudito	estudioso	escolar	sabio	experto
4. impedir	frenar	embargar	contener	animar
5. adelantar	retirarse	retroceder	alejarse	desbandarse
6. anotar	recordar	grabar	apuntar	registrar
7. ropa	soga	vestido	atuendo	traje
8. consomé	caldo	aguadillo	jabón	sopa
9. apoyar	respaldar	apadrinar	desamparar	resguardar

B. Combine las palabras de la Columna B con su antónimo de la Columna A.

Columna A	Columna B
_____ espalda(s)	1. barato
_____ fondo	2. ganarse la vida
_____ detrás de	3. algo por el estilo
_____ viajar con mochila	4. estar alegre
_____ a menudo	5. pecho
_____ de la noche a la mañana	6. el primer plano
_____ palma	7. nunca
_____ digno de confianza	8. cuerda
_____ costar un ojo de la cara	9. enfrente de
_____ nada de eso	10. años y años
_____ estar de luto	11. volar de primera clase
	12. que no es de fiar
	13. dorso

D. Gramática

1. El subjuntivo en cláusulas nominativas

a. Cuando la cláusula principal expresa duda, emoción, influencia, preferencia o un mandato en cuanto al sujeto de la cláusula subordinada, el verbo de la subordinada se expresa en el subjuntivo. Recuerde que si no hay un cambio de sujeto en la cláusula subordinada, no hay subjuntivo.

Él quiere estudiar.
He wants to study.
Él quiere que José estudie.
He wants José to study.
Patricia tenía miedo de que hubiera un accidente.
Patricia was afraid that there was an accident.
Insistimos en que nos paguen inmediatamente.
We insist on their paying us immediately.
Todos dudan que Mario nos diga la verdad.
Everyone doubts that Mario is telling us the truth.

Nos alegramos de que hayan llegado tan temprano.
> *We are happy that they arrived so early.*

Julián no creía que Esmeralda hubiera hecho la torta.
> *Julián did not believe that Esmeralda had made the cake.*

b. Después de expresiones impersonales cuando hay un cambio de sujeto en la cláusula subordinada se usa el subjuntivo. La excepción son las expresiones como es seguro, es obvio, es cierto, es verdad. Cuando estas expresiones forman parte de una pregunta, se usa el subjuntivo o cuando se encuentran en forma negativa.

Es imposible que arreglen el coche para las seis.
> *It is impossible for them to fix the car by six.*

Convenía que nos sentáramos en la misma mesa que los parientes del novio.
> *It was fitting that we sat at the same table as the relatives of the groom.*

Será difícil que los Gómez paguen toda la cuenta.
> *It will be difficult for the Gomez's to pay the whole bill.*

Era obvio que Martín entendió todo el discurso.
> *It was obvious that Martín understood the entire speech.*

No es verdad que este país pertenezca al tercer mundo.
> *It is not true that this is a third-world country.*

c. Los verbos de comunicación pueden transmitir información o dar un mandato. Cuando expresan un mandato la cláusula subordinada se encuentra en el subjuntivo.

Mis primos me escribieron que iban a llegar el martes.
> *My cousins wrote me that they were going to arrive on Tuesday.*

Mis primos me escribieron que trajera un regalo para la fiesta.
> *My cousins wrote me to bring a gift for the party.*

2. Secuencia de los tiempos verbales

a. Los tiempos verbales se dividen en dos grupos: los del presente y los del pasado. Cuando hay dos cláusulas y se necesita el subjuntivo en la subordinada, se usa el presente o el presente perfecto cuando el verbo principal se encuentra en la categoría del presente; y el imperfecto o el pluscuamperfecto cuando el verbo principal se encuentra en la categoría del pasado.

Presente		Pasado	
Indicativo	*Subjuntivo*	Indicativo	*Subjuntivo*
Presente Pres. perfecto Futuro Futuro perf. Imperativo	*Presente* o *Presente perf.*	Pretérito Imperfecto Pluscuamperfecto Condicional Condicional perf.	*Imperfecto* o *Pluscuamperfecto*

> Esperamos que todos puedan asistir a la conferencia sobre Borges.
> *We hope that everyone will be able to attend the lecture on Borges.*
> Será aconsejable que todos estén preparados para cualquier emergencia.
> *It will be advisable for everyone to be prepared for any emergency.*
> Dile a tu hermano que corte el césped.
> *Tell your brother to cut the grass.*
> Los estudiantes no creían que sus exámenes finales fueran muy difíciles.
> *The students did not think that their finals were very difficult.*

b. Excepcionalmente, se puede usar un subjuntivo del imperfecto o pluscuamperfecto cuando el verbo principal ocurre en la categoría del presente.

> Sus amigos están muy contentos que Rafael ganara el premio.
> *His friends are very happy that Rafael won the prize.*

Ejercicios

Escriba la forma correcta del infinitivo entre paréntesis.

1. Alejandra insistió que yo le _____ mis apuntes. (prestar).
2. No es necesario que tú _____ más de ocho horas. (dormir)
3. Dudábamos que _____. (llover)
4. Antonio me dice que _____ la comida para mañana. (cocinar)
5. Era imposible _____ por la carretera 20 por las reparaciones. (seguir)

6. El presidente pidió que los ciudadanos _____ sacrificios. (hacer)

7. Sentíamos que ellos _____ que cancelar el espectáculo de ayer. (tener)

8. Ojalá que Mario ya _____ _____ una cuenta corriente. (abrir)

9. El profesor repitió que (nosotros) _____ los trabajos escritos para el lunes. (entregar)

10. No hay duda de que la computadora no _____ bien. (funcionar)

Traduzca las oraciones a continuación al inglés o al español según corresponda.

1. Parece increíble que haya terminado el verano.

2. Nos preocupábamos que Jorge pudiera haber tenido un accidente.

3. Alonso te indica que tengas más cuidado con alfabetizar las fichas.

4. El jefe mandó que el informe estuviera listo para las seis.

5. Muchos dudan que terminen la construcción del puente para la fecha prometida.

6. It is true that there are untranslatable expressions.

7. I regret not being able to start the program this semester.

8. Please don't tell me to leave.

9. Diego wanted his friends to play Latin music at his wedding.

10. It is good for us to hear these old stories.

E. Traducciones comparadas/ equivocadas/cómicas

Esta traducción es de una carta mandada del director a los padres de unos estudiantes de la primaria. Aquí tiene usted algunos párrafos de la traducción al español seguidos por los mismos párrafos del texto original en inglés. Es obvio que la versión española es una traducción palabra por palabra y que el/la traductor/a no ha consultado debidamente el diccionario.

1. Los informes sobre el progreso fueron a casa la semana pasada. Si usted no ha encontrado con su maestro de niño, yo le aliento a ser así. La llamada o la manda correo electrónico planificar una cita. Una conferencia planificada es mejor que una visita de gota—en como permite al maestro para darle su atención indivisa.
2. La escuela empieza en 7:45. Si su niño no está en la clase cuando los anillos de la campana, él/ella es atrasado. Haga por favor cada esfuerzo de obtener a su niño para educar a la hora.

1. Progress reports went home last week. If you have not met with your child's teacher, I encourage you to do so. Call or e-mail her to schedule an appointment. A scheduled conference is much better than a drop-in visit as it allows the teacher to give you her undivided attention.
2. School starts at 7:45. If your child is not in class when the bell rings, he/she is tardy. Please make every effort to get your child to school on time.

F. Traducción

Lea el texto por completo. Teniendo en cuenta el título, ¿cuál será el tema de este texto? Piense en el vocabulario que corresponda a este tema. Segmente el texto y tradúzcalo.

Al inglés—
1. En este texto ¿significa *thirds* terceros?
2. ¿Cuáles son los varios sentidos de la palabra persecuciones?
3. ¿Cuántas versiones diferentes hizo Ud. para la frase, "dardos adhesivos en forma de pelotas de golf habilitados con un sistema GPS" para conseguir la traducción más natural al inglés?

Policías y ladrones

Existen programas de televisión dedicados a transmitir persecuciones policíacas en Estados Unidos. Sin embargo, estos eventos no son muy divertidos para quienes los protagonizan, además de que tienen un alto costo económico e implican graves riesgos a la población civil. Para combatirlos, el jefe de policía de la ciudad de Los Ángeles, William J. Bratton, anunció el uso de un dispositivo electrónico que permita tener a estos conductores bajo control. Se trata de dardos adhesivos en forma de pelotas de golf habilitados con un sistema GPS, que permitirá rastrear a los vehículos para así cercarlos y detenerlos antes de afectar a terceros. De esta forma, en lugar de realizar una larga y peligrosa persecución, la policía podrá cuadrar la ubicación del sospechoso y cerrarle el paso. En Estados Unidos el año pasado hubo casi 100.000 persecuciones.

Muy interesante, abril 2006, pág. 12.

Al español—
1. Enumere todos los nombres geográficos y los adjetivos de nacionalidad. ¿Cómo se traduce Key West? Según las reglas de letras minúsculas y mayúsculas, ¿cómo se escriben los adjetivos de nacionalidad en español?
2. ¿Cuál es la traducción correcta de *overnight* e *in turn*?

Key West's Cuban History

Before the arrival of Spanish explorers, Key West had been populated by Calusa Indians. During the first Spanish period, a few Spanish families lived in Key West. These families along with some eighty Indian families relocated to Cuba in 1763 when Florida came under British control. During the 18th century, Cubans and Bahamians visited the key to fish, salvage merchandise from shipwrecks and cut lumber. In 1821, the Spanish crown transferred the island to Juan Pablo Salas, who in turn sold it to American businessman John Simonton for $2000.00 that same year. This transaction took place in a café in Havana and thus began the first permanent occupation of Key West.

In 1868, thousands of Cubans arrived in Key West fleeing the Ten Year's War. The Cubans brought their knowledge and transformed the tobacco industry in Key West into a flourishing business. Overnight, appeared small factories called chinchales as well as large tabacaleras. The expansion of this industry brought prosperity and an increase in population.

Florida Cuban Heritage Trails, p. 4.

La Malinche

10

A. Cronología de la traducción.

Siglo XX

En el siglo XX la historia de la traducción en España tradicionalmente se divide en tres épocas: antes de la dictadura franquista (1900-1939) había muchas traducciones de toda disciplina; la dictadura (1940-1975) durante la cual reinaba una censura rígida de textos literarios, filosóficos y políticos; y el posfranquismo (1976-2000) cuando se ve una apertura en cuanto a los textos traducidos y el establecimiento de programas universitarios e institutos privados para el estudio de la traducción y la interpretación. A través del siglo XX, muchos que traducían ofrecieron sus observaciones y teorías sobre la traducción de los textos traducidos en prefacios y notas al pie de la página. Estas opiniones expresaban la necesidad de no traducir palabra por palabra y la idea de que cada lengua refleja la manera en que un pueblo experimenta el mundo y por eso hay que ser bilingüe y bicultural para producir una traducción bien hecha que no suene a traducción.

Como usted ha leído en la discusión de los dos siglos anteriores, había una gran crítica del uso de neologismos y préstamos léxicos (galicismos, germanismos y anglicismos) pero en el siglo XX con la publicación del *Diccionario de uso del español* (1967) de María Moliner (1900-1981) que ponía en cuestión cierta herencia del purismo, esta actitud rígida cambiaba. (Ruiz Casanova, pág. 453).

111

En el siglo XX hay un interés en la traducción de la Biblia para los pueblos indígenas que hasta el momento no tenían acceso a la Biblia en sus idiomas. Este esfuerzo de traducción tenía, por lo menos en México, dos propósitos: por parte de los traductores y por parte del gobierno. Los traductores querían llevarle el mensaje del cristianismo a esta gente y el gobierno quería alfabetizar la población para que la revolución mexicana tuviera éxito. Dicen que los traductores bíblicos son los que sacan mejor satisfacción de su trabajo ya que cumple con su fe y el placer personal de traducir estos textos. Uno de los teóricos especializados en la traducción bíblica, Eugene A. Nida, también tenía una gran influencia en todo el campo de la traducción. Presentó la idea del nivel subyacente de cada lengua que el traductor debe tener en cuenta antes de traspasar el texto a la lengua de llegada.

B. Teoría y técnicas:

Economía, Modulación

1. La economía en una traducción consiste en evitar palabras superfluas. Por ejemplo para decir *the facts that were uncovered* es suficiente los hechos descubiertos y no los hechos que fueron descubiertos, *university campus* recinto universitario y no el recinto de la universidad. En estos ejemplos hemos usado una sola palabra para expresar una frase y no hemos perdido nada del sentido original.

2. La modulación consiste en "una variación del mensaje, obtenida por medio de un cambio en el punto de vista, en la perspectiva". (López Guix pág. 266). Es un tipo de "transposición en el plano del mensaje en la medida en que opera con categorías de pensamiento en lugar de hacerlo con categorías gramaticales". (van Hoof, Henri *Traduire l'anglais*, Paris/Lovaina: Duculot, 1989, pág. 126).

Un político <u>de café</u>	an <u>*armchair*</u> politician
Una política de <u>pan o palo</u>	a <u>*carrot and stick*</u> policy
Cambiar <u>de idea</u>	to have <u>*second thoughts*</u>

Ejercicio

Traduzca al español o al inglés según el caso

1. *Don't get so excited.*
2. *eyeball to eyeball*
3. *to brush shoulders*
4. *to go for a sail*
5. un ruido de los demonios
6. salud (después de estornudar)
7. No he tenido noticias de ti.
8. hasta las orejas

C. Vocabulario

1. La palabra *to run*

acabársele a uno	*to run out of*
andar, funcionar	*to run, work, keep operating*
asociarse con	*to run around with*
atropellar	*to run over*
carrera	*run, race*
correr	*to run, flow*
correrse	*to run, spread*
chocar con	*to run into, crash, collide*
dirigir, administrar	*to run, administer, manage*
escaparse, huir	*to run away*
extenderse (por)	*to run along, stretch, extend*
fugitivo	*on the run*
gotearle (a uno) la nariz	*to have a runny nose*
gran demanda	*a run on (something)*
perseguir	*to run after*
postularse para, aspirar a	*to run for an election, an elected office*
recorrido, trayecto	*run (route of a train)*

rodear	*to run around*
tener fiebre	*to run a fever*
tirada	*run (number of copies)*
trepar (por)	*to run up*
tropezar con	*to run across, into*

2. Cognados falsos

ESPAÑOL	INGLÉS	INGLÉS	ESPAÑOL
casualidad	*coincidence, chance*	*casualty*	baja (military), víctima
manifestación	*demonstration (pol.)*	*manifestation*	expresión
miseria	*poverty*	*misery*	sufrimiento
molestar	*to bother*	*to molest*	abusar, violar
pretender	*to attempt, try*	*pretend*	fingir

3. Modismos

a más tardar	*at the latest*
a quemarropa	*point blank*
dejar a uno plantado	*to stand someone up*
Dios mediante	*God willing*
entre bastidores	*behind the scenes*
hacer puente	*three day weekend*
lo de siempre	*the usual*
llevar a cabo	*to carry out*
mojado hasta los huesos	*drenched to the skin*
querer decir	*to mean*

Ejercicios

A. Tache la palabra que no pertenezca al grupo.

1. intentar	procurar	fingir	pretender	tratar
2. dirigir	correrse	administrar	gobernar	manejar
3. casualidad	víctima	baja	caído	accidentado
4. miseria	pobreza	sufrimiento	estrechez	penuria
5. molestar	violar	importunar	abrumar	fastidiar
6. atropellar	rodear	arrollar	derribar	arrojar

B. Combine las palabras de la Columna B con su antónimo de la Columna A.

Columna A

_____ funcionar
_____ trepar por
_____ a más tardar
_____ llevar a cabo
_____ lo de siempre
_____ a quemarropa
_____ escaparse
_____ entre bastidores
_____ mojado hasta los huesos
_____ acabársele a uno

Columna B

1. estar lejos de
2. tener lo suficiente
3. querer decir
4. bajar
5. ahora mismo
6. descomponer
7. hacer puente
8. no cumplir
9. enfrente de todos
10. quedarse
11. más seco que una pasa
12. algo raro

D. Gramática

El subjuntivo en cláusulas adjetivales

a. Si el antecedente de la cláusula subordinada no existe o si su existencia no es cierta, hay que usar el subjuntivo en esta cláusula. Recuerde que en estas oraciones también se observa la secuencia de los tiempos.

Busco un mecánico que pueda arreglar mi coche.
I am looking for a mechanic who can fix my car.
¿Hay alguien que sepa ayudarme con esto?
Is there someone who can help me with this?
No había nadie que quisiera pagar nuestra multa.
There was no one who wanted to pay our fine.
¿Sabes de un restaurante que sirva comida colombiana por aquí?
Do you know of a restaurant that serves Colombian food around here?

b. Recuerde que si existe el antecedente, no se usa el subjuntivo.

Tengo un amigo que puede arreglar mi coche.
I have a friend who can fix my car.
Hay alguien que sabe ayudarme con esto.
There is someone who can help me with this.
Sé de un restaurante que sirve comida colombiana por aquí.
I know of a restaurant around here that serves Colombian food.

Ejercicios ————————————————————————

A. Escoja la forma correcta del verbo.

1. No conozco a nadie que (sabe, sepa, sabía, supiera) la respuesta.
2. Había un músico que (toca, tocaba, toque, tocara) el laúd, un instrumento medieval.
3. Buscábamos una casa que (tiene, tenga, tenía, tuviera) una piscina y cinco dormitorios.
4. ¿Existe un trabajo que (combina, combine, combinaba, combinara) todos mis intereses?
5. ¿Hay una tienda donde (venden, vendan, vendían, vendieran) videos latinoamericanos?
6. Necesito un cuaderno que (cuesta, cueste, costaba, costara) menos de dos dólares.
7. Quería comprar un auto que (sea, es, fue, fuera) económico.
8. Cuando era joven, tenía una mascota que (adoro, adore, adoraba, adorara).

B. Traduzca estas oraciones al español o al inglés según corresponda.

1. Do you know anyone here who can help us answer our question?
2. There was no one in the office who knew Mr. González.
3. I am looking for a book that explains the history of the planets.
4. Roberto had a key that opened all these doors.
5. Does the hotel have a place where they put luggage until a room is ready?
6. José no tenía ningún compañero que me ayudara a redactar la propuesta.
7. Conozco a una señora que traduce del ruso al inglés.

8. Cualquier fecha que me propongas tiene que coincidir con mis horas libres.
9. El joven quería ver una película que tratara de la Guerra Civil española.
10. ¿Había una tienda que vendiera ropa de niños cerca del metro?

E. Traducciones comparadas/ equivocadas/cómicas

Compare y comente las diferencias de estos textos. Parece que esta receta fue escrita por unos chilenos que viven en los Estados Unidos. ¿Por qué decimos esto?

¡Y nació la empanada!

Para los chilenos, la empanada de horno es parte de su identidad nacional, símbolo de chilenidad. Acompañada de un buen vaso de vino tinto, no hay fiesta nacional sin ella, es el aperitivo típico en los asados campestres y en el clásico almuerzo de los domingos.

Según varios diccionarios gastronómicos, la empanada proviene de España del siglo XII. Se cree que en Chile, los primeros españoles asentados a los pies del cerro Huelén, cansados de la dieta de los aborígenes, trataron de hacer la empanada gallega. Como no tenían el molde adecuado para hacer el gran pastel circular de carne y cebollas, confeccionaron pequeñas empanadas gallegas, que no necesitaban molde. Le agregaron ají y pimentón seco molido. ¡Y nació la empanada chilena!

The Empanada is Born!

Chile's baked empanada is truly the national dish, a symbol of Chilean identity. Enjoyed with a glass of red wine, no national holiday is complete without it. The empanada is the traditional aperitif at the country barbecue as well as the classic Sunday lunch.

According to various gastronomic dictionaries, the empanada was part of the Spanish diet as far back as the 12th century. It is believed that the early

Spanish explorers in Chile, while sitting at the base of the Huelen Mountain had grown tired of native Chilean fare and decided to make their own Spanish empanada, or meat pie. Lacking the round mold necessary to shape their large circular meat and onion pies, they fashioned smaller versions by hand. They added available local ingredients such as chili and ground red pepper. Thus was born the Chilean empanada!

RELLENO O PINO

una libra de carne molida o carne picada
3 cebollas medianas
½ cucharada de orégano
½ cucharada de ají de color
½ cucharada de adobo completo
Goya sin pimienta

½ caluga de caldo de carne
una cucharada de harina o
maicena
4 huevos duros
aceitunas
pasas

THE FILLING (MEAT MIXTURE)

one pound of ground or chopped meat
3 medium size onions
½ T of oregano
½ T of red ground chili
½ a beef broth cube
½ T of Goya seasoning, without pepper

one spoonful of flour or starch
4 hard-boiled eggs
olives
raisins

MASA

dos libras de harina regular
sin polvos de hornear
½ libra de mantequilla
a temperatura ambiente
(blanda pero sin derretir)

dos tasas de leche a temperatura
ambiente, o 18 onzas
3 cucharaditas (de té) de sal y tres
de azúcar

Preparación: En un bol o sobre un mesón, mezcle la harina, sal, azúcar, mantequilla, agregándole la leche hasta que se forme una mezcla homogénea, ni dura ni muy blanda (puede que sobre o falte leche dependiendo de la humedad y/o la calidad de la harina).

THE DOUGH

two pounds of all-purpose unbleached flour

½ pound of butter at room temperature (soft but not melted)

two cups of milk at room temperature, or 18 ounces

3 teaspoons of salt and 3 teaspoons of sugar

Preparation: In a bowl or over a counter, mix the flour, salt, sugar and butter, adding the milk until you have a homogeneous mix, not too hard, not too soft. (You might have too little or too much milk, depending on the humidity and quality of the flour.)

F. Traducción

Lea el texto por completo. Teniendo en cuenta el título, ¿cuál será el tema de este texto? Piense en el vocabulario que corresponda a este tema. Segmente el texto y tradúzcalo

Al inglés—
1. ¿Cómo va usted a traducir el título? ¿Cuándo se debe traducir el título?
2. ¿Cuáles son las mejores traducciones para: lo curioso, se resiste a adoptar y con el del medio?
3. ¿Qué desafíos le presenta la última oración?

Los 'adultescentes'

Las barreras generacionales se están borrando. La publicidad, las cirugías plásticas y la tecnología han creado un nuevo tipo de adulto que cada día se parece más a un adolescente.

Una frase popular dice que todo el mundo lleva un niño por dentro. Lo curioso es que muchas personas ahora también lo llevan por fuera. Adultos de 30, 40 y 50 años hoy se visten como adolescentes, comparten los mismos gustos musicales y consumen casi los mismos productos. Para la muestra está Ernesto, un matemático de 45 años y padre de tres hijos que se resiste a adoptar la actitud tradicional de papá. Aunque a su edad debería vestirse con saco y corbata, prefiere hacerlo con *jeans* y camisetas, las cuales a veces comparte con su hijo mayor. Con el del medio ha conformado una banda musical y con el más pequeño se divierte horas frente a la consola de videojuegos, cuando regresa del trabajo. Si no fuera por su calva y sus canas, cualquiera diría que es un joven de 18.

Semana, 27 de febrero, 2006, pág. 118.

Al español

1. ¿Cómo se traduce *pumpkin and tomato growers*?
2. ¿Son sinónimos en este texto jardín y huerta? ¿Cuál de las dos debe Ud. usar?
3. Se usa la palabra *but* varias veces en este texto. Repase las reglas gramaticales para esta conjunción.

The Stub Book

By Pedro Antonio Alarcón

The action begins in Rota. Rota is the smallest of those pretty towns that form the great semicircle of the bay of Cádiz. But despite its being the smallest, the grand duke of Osuna preferred it, building there his famous castle, which I could describe stone by stone. But now we are dealing with neither castles nor dukes, but with the fields surrounding Rota, and with a most humble gardener, whom we shall call *tío Buscabeatas* (or old Hag-Chaser), though this was not his true name.

From the fertile fields of Rota, particularly its gardens, come the fruits and vegetables that fill the markets of Huelva and Seville. The quality of its tomatoes and pumpkins is such that in Andalusia the Roteños are always referred to as pumpkin and tomato growers, titles which they accept with pride.

Spanish Stories/Cuentos españoles.
Bantam Books, Inc. 1960, p. 93.

11

A. Cronología de la traducción:

El empleo de traductores e intérpretes

El empleo de traductores e intérpretes profesionales en los Estados Unidos empezó en 1781 cuando el Departamento de Estado estableció el Departamento de Asuntos Exteriores con un traductor y un intérprete de francés y poco después se añadió un traductor español. (Child, pág. 110). En 1870 el Secretario de Estado Hamilton Fish estableció un departamento de traducción dentro del Departamento de Estado y para 1910, ya que el Departamento estaba recibiendo comunicaciones en trece lenguas, decidieron emplear a más traductores. No había necesidad de intérpretes porque se suponía que los diplomáticos hablaban y entendían el francés, que era hasta la Primera Guerra Mundial la lengua preferida de comunicación internacional. Desgraciadamente, los diplomáticos estadounidenses no se defendieron en el español escrito u oral, lo que resultó en malentendidos y problemas para los Estados Unidos.

En el Congreso de Paz de Versalles después de la Primera Guerra Mundial, el inglés fue aceptado como lengua diplomática por primera vez. Al establecer la Sociedad de Naciones después de esta guerra, había una necesidad de interpretaciones consecutivas en varias lenguas y se debatía si era mejor interpretar después de cada oración o después de segmentos del discurso más largos. Ya que esta forma de interpretación toma el doble de tiempo para expresar las ideas, era necesario encontrar otra forma de interpretar. La empresa de informática IBM sugirió una técnica de traducción simultánea por medio de micrófonos y auriculares que permitía que un intérprete escuchara una lengua y dijera el mensaje en otra a la vez. Este método tuvo éxito y a mediados de los 40 durante los juicios de crímenes nazis estos mecanismos ya con 20 años de edad, todavía retenían su eficacia.

Al formarse las Naciones Unidas, se adoptó la interpretación simultánea a pesar de que algunos intérpretes y diplomáticos trataron de insistir en que la interpretación consecutiva era más fiel. Con el aumento y la experiencia de intérpretes simultáneos esta crítica no triunfó y prevaleció el enorme ahorro de tiempo como criterio de la interpretación.

En la Organización de Estados Americanos hay cuatro lenguas oficiales, el español, el portugués, el francés y el inglés en que trabajan los intérpretes. Los otros organismos internacionales como el Banco Mundial, el Fondo Monetario Internacional y la Unión Europea necesitan un sinfín de traductores ya que los miembros han insistido en traducciones de todas las parejas lingüísticas. Es obvio que las profesiones de intérprete y traductor han aumentado en importancia últimamente, junto con los sueldos que reciben.

B. Teoría y técnicas:

Lo intraducible, la compensación

1. Lo intraducible consta de modismos, metáforas, refranes y referencias folclóricas. Ya que reflejan la cultura, es imposible traducir los conceptos literalmente. Hay que buscar una equivalencia dinámica en la lengua de llegada.

Esta equivalencia traducirá la misma idea pero reflejando la cultura de la lengua de llegada. Por ejemplo, no hay de que significa *you're welcome* y no hay posibilidad de traducir las palabras del modismo al pie de la letra porque la traducción no tendría sentido. También muchos símiles y metáforas están tan arraigados en la cultura que otra vez es necesario expresarlos con otros términos. Por ejemplo *as cool as a cucumber* se expresa en español como **más fresco que una lechuga** y *like father like son* es **de tal palo tal astilla**.

2. La compensación es un juego entre la expansión y la reducción ya que el proceso de transferencia de una lengua a otra produce pérdidas y

ganancias. La compensación intenta recuperar en algún lugar de la traducción lo que se ha perdido del original. Por ejemplo *it's raining cats and dogs, it's raining buckets* o *it's pouring* se traduce llueve a cántaros. Se puede ver la compensación hecha por la idea de cantidades de lluvia y recipientes (López Guix, pág. 292-3).

Ejercicio ——————————————————————————

Traduzca al inglés o al español según el caso.

1. Friday the 13th (unlucky day)
2. Give me a light.
3. Silence is golden.
4. Se fue al cine.
5. Devorando con los ojos
6. Al que madruga, Dios le ayuda.
7. Con las manos en la masa
8. Against all odds

C. Vocabulario

1. Las palabras y expresiones con *to take, to get*

Hay muchas expresiones con estas dos palabras y aquí tiene usted sólo las más comunes.

a. *to take*

descargar, desquitarse	*to take out on*
despegar	*to take off (a plane)*
dormir una siesta	*to take a nap*
encargarse de	*to take upon oneself*
llevar	*to take (to carry, transport, accompany someone or something); to lead (referring to a road)*
llevarse	*to take away, steal*
quitar	*to take away, remove from*

quitarse	to take off (clothing)
sacar (tomar) una fotografía	to take a picture
sacar	to take out
tomar el poder	to take over
tomar	to take (in one's hand); to take notes, a medicine, a drink [beverage])

b. to get

alcanzar	to get at, reach
apearse de, bajar(se) de	to get off (vehicle), descend from
arreglárselas	to get by
atrasarse	to get behind
atravesar, cruzar	to get across
buscar, ir a buscar, traer, llamar, ir por	to get, fetch, go and bring, bring
coger, pescar, agarrar	to get sick, catch an illness
comprar	to get (something), buy
comprender, entender	to get, understand
congeniar con, llevarse bien	to get along with
deshacerse de, salir de	to get rid of
desquitarse con…de (por)	to get back at (even with)…for
escaparse, alejarse	to get away
levantarse	to get up
llegar	to get to, arrive at, reach
obtener, conseguir, lograr	to get, obtain
progresar	to get along, progress
recibir	to get, receive
reunir	to get together
tomar la delantera	to get ahead

2. Cognados falsos

ESPAÑOL	INGLÉS	INGLÉS	ESPAÑOL
advertencia	warning	advertisement	anuncio
carpeta	file	carpet	alfombra, tapete
compromiso	commitment	compromise	acuerdo, arreglo

disgusto	*displeasure*	*disgust*	repugnancia, asco
estampa	*religious picture*	*stamp*	estampilla, sello
lectura	*reading*	*lecture*	ponencia, conferencia

3. Modismos

a duras penas	*with great difficulty*
a grandes rasgos	*briefly, in outline*
al contrario	*on the contrary*
al pie de la letra	*to the letter, thoroughly*
carne de gallina	*goose flesh, goose bumps*
cuento verde	*dirty story*
de hecho	*as a matter of fact*
dicho y hecho	*no sooner said than done*
en aquel entonces	*at that time*
en fin	*in short*

Ejercicios

1. Tache la palabra que no pertenezca al grupo.

a. llevarse	apropiarse	apoderarse	encargarse de	quitarse
b. obtener	conseguir	buscar	lograr	adquirir
c. atravesar	cruzar	descargar	traspasar	franquear
d. disgusto	asco	irritación	resentimiento	desagrado
e. ponencia	conferencia	lectura	comunicación	informe
f. carpeta	alfombra	tapete	tapiz	moqueta
g. aviso	admonición	amonestación	anuncio	advertencia
h. obra	texto	conferencia	lectura	composición
i. quitar	eliminar	reunir	suprimir	liquidar

2. Combine las palabras de la Columna B con su antónimo de la Columna A.

COLUMNA A	COLUMNA B
_____ despegar	1. sello
_____ dicho y hecho	2. fácilmente
_____ tomar el poder	3. a largo plazo
_____ apearse de	4. en fin
_____ al contrario	5. vender
_____ al pie de la letra	6. ceder
_____ atrasarse	7. de acuerdo
_____ comprar	8. en detalle
_____ a grandes rasgos	9. con descuido
_____ a duras penas	10. adelantarse
	11. subirse a
	12. aterrizar

D. Gramática

El subjuntivo en cláusulas adverbiales

1. Siempre se usa el subjuntivo después de estas conjunciones adverbiales; no importa el orden de las cláusulas:

a condición de que	*on the condition that*
a fin de que	*in order that, so that*
a menos que	*unless*
a no ser que	*unless*
antes de que	*before*
de modo/manera que	*in order that, so that*
con tal (de) que	*provided that*
en caso (de) que	*in case that*
para que	*in order that, so that*
salvo que	*unless*
sin que	*without*

Mis padres salieron sin que lo supiéramos.

My parents went out without our knowing it.

A menos que prometas devolvérmelo para mañana, no te lo presto.

Unless you promise to return it to me by tomorrow, I will not lend it to you.

En caso de que llueva, podemos comer al aire libre otro día.

In case it rains, we can eat outside another day.

Estudiaron mucho para que sacaran una a en el examen.

They studied a lot so that they would get an A on the exam.

2. Se usa el subjuntivo después de conjunciones adverbiales de tiempo si la acción principal no ha ocurrido todavía:

cuando	*when*
después de que	*after*
en cuanto	*as soon as*
hasta que	*until*
mientras	*while*
tan pronto como	*as soon as*

Nos dirán la verdad tan pronto como cerremos la puerta.

They will tell us the truth as soon as we close the door.

Roberto me puede ayudar después de que vuelva a casa.

Roberto can help me after he gets home.

Mi familia quería celebrar cuando vendiéramos la casa.

My family wanted to celebrate when we sold the house.

3. Se usa el subjuntivo con **aunque** sólo cuando la acción principal no ha tenido lugar.

No lo haré aunque me ruegues.

I will not do it even if you beg me.

4. Se usa el subjuntivo en cláusulas de **si**, si el verbo principal está en el condicional o el condicional perfecto ya que esto indica una acción hipotética o contraria a la realidad. El orden de las cláusulas no importa.

Si yo fuera rico, viajaría por todo el mundo.
If I were rich, I would travel all over the world.
Si hubieras asistido a la reunión, habrías visto a Elena.
If you had attended the meeting, you would have seen Elena.
Se resolvería el problema si el presidente firmara el tratado.
The problem would be solved if the president signed the treaty.

5. Otra manera de expresar una oración hipotética o contraria a la realidad es con la preposición **de** más infinitivo en vez de la cláusula con **si**. ¡Ojo! El sujeto de las dos cláusulas tiene que ser el mismo.

De haberme dado cuenta de las consecuencias, nunca me habría puesto de acuerdo.
If I had realized the consequences, I would never have agreed to that.

6. Después de **como si** hay que usar el imperfecto o pluscuamperfecto del subjuntivo ya que este adverbio indica algo contrario a la realidad o una situación hipotética.

El tío anda como si estuviera borracho.
The guy is walking as if he were drunk.
El escudero se comportaba como si hubiera comido bien.
The squire acted as if he had eaten well.

Ejercicios

A. Escoja la forma verbal apropiada.

1. Mis amigos dijeron que vendrían a no ser que _____ un problema en la oficina a la última hora. (haber)
       a. hay   b. había   c. haya   d. hubiera
2. Roberto pagará su alquiler en cuanto _____ el dinero. (tener)
       a. tiene   b. tendría   c. tenga   d. tuviera
3. La secretaria prometió que se quedaría hasta que _____ el trabajo. (acabar)
       a. acaba   b. acabará   c. haya acabado   d. hubiera acabado

4. Antes de que _____ algo, déjame explicarte lo que pasó.
   (decir)

      a. dices   b. dirás   c. digas   d. dijeras

5. La boda será en octubre con tal de que _____ hacer todos los
   arreglos. (poder)

      a. podemos b. podíamos   c. podamos   d. pudiéramos

6. Pablo hablaba por teléfono mientras su primo _____ el precio de
   su nuevo coche. (discutir)

      a. discute   b. discutía   c. discuta   d. discutiera

7. Sus padres le compraron un boleto aunque él no _____ ir.

      a. quiere   b. quiso   c. quiera   d. quisiera

8. Si lo _____, entonces, ¿por qué no lo hiciste? (prometer)

      a. prometes b. prometiste   c. prometas   d. prometieras

9. Los jóvenes hablan como si _____ mucho de este tema.
   (saber)

      a. saben   b. sabían   c. sepan   d. supieran

10. Si Carlos me lo _____, estaría muy agradecida. (hacer)

      a. hace   b. hacía   c. haga   d. hiciera

11. Susana habría comido el bocadillo si _____ _____ hambre.
    (tener)

      a. ha tenido   b. habrá tenido   c. haya tenido   d. hubiera
    tenido.

12. Mis tíos manejaban como si _____ bien la ciudad. (conocer)

      a. conocen b. conocían   c. conozcan   d. conocieran

13. Leeremos la tarea aunque no _____ a la clase mañana.
    (asistir)

      a. asistimos   b. asistíamos   c. asistamos   d. asistiéramos

14. Todos _____ si quisieras ir de vacaciones. (entender)

      a. entienden   b. entenderían   c. entiendan   d. hayan
    entendido

B Traduzca al español o al inglés prestando atención al uso del subjuntivo.

1. If you had told me when you were arriving, I would have met you at the airport.
2. They had already gone shopping before I came home.
3. He takes a walk in the park every day when he comes home from work.
4. Jorge acts as if nothing matters to him.
5. We will play tennis until it gets dark.
6. Tocaremos el disco después de que todos aprendan la letra de la canción.
7. Parece como si hubiera ocurrido ayer.
8. El guía habló en voz alta para que todos pudieran oír lo que decía.
9. De haber dormido una hora más, yo no estaría tan cansado ahora.
10. Si Emilio hubiera abierto la carta al recibirla, no nos habría llamado.

E. Traducciones comparadas/ equivocadas/cómicas

Lea Ud. el texto en inglés y subraye los errores que encuentre; después compare el texto original español con la traducción y comente los problemas.

Some examples of the rich Alcalá architecture, is the University designed by Francisco Jiménez de Cisneros in the XVI Century, the Cathedral Magistral, dating back to the IV Century and the Major Street of medieval origin. At this street is located the Musuem House of Cervantes and the several of convents and colleges in the Golden Age of Spain.

Visiting Alcalá de Henares, specially this year, when we celebrate the Forth Aniversary of the Edition of the first part of "Don Quijote," is stroll throught literature, art and history of one of the ancient cities of the Community of Madrid and one of the most important cities of the Spanish culture.

Algunos ejemplos de la rica arquitectura alcalaína son su Universidad, planeada por Franciso Jiménez de Cisneros, en el siglo XVI, la Catedral

Magistral, cuyo origen se remonta al siglo IV, la calle Mayor, de origen medieval donde se ubica el Museo Casa Natal de Cervantes, o el innumerable conjunto de conventos y colegios universitarios del Siglo de Oro.

Visitar Alcalá de Henares, especialmente en este año, en que se celebra el IV Centenario de la edición de la primera parte de *El Quijote* es dar un paseo por la literatura, por el arte y por la historia de una de las ciudades más antiguas de la comunidad de Madrid y una de las más importantes para la cultura española.

F. Traducción

Lea el texto por completo. Teniendo en cuenta el título, ¿cuál será el tema de este texto? Piense en el vocabulario que corresponda a este tema. Segmente el texto y tradúzcalo.

Al inglés—
1. ¿Cuál es la mejor traducción para: fama, realizada, vago, celebrar elecciones?
2. ¿Qué referencias históricas y qué personajes tuvo usted que investigar para entender bien este texto?
3. ¿Qué problemas presentan los títulos de los dos libros citados?

El periodista detrás del mito
El hombre que inventó a Fidel

"Un Lincoln caribeño, un *Robin Hood* latinoamericano. Es fácil comprender por qué sus hombres lo adoran". Con palabras como éstas, Herbert Mattthews (1900-1977), periodista de *New York Times*, conseguía en febrero de 1957 *resucitar* a un Fidel Castro al que se daba por muerto tras el desastroso desembarco en las costas cubanas; no sólo eso: con una entrevista de tres horas realizada en Sierra Maestra logró, según él, *inventar* a Fidel.

"Es un hombre instruido, de coraje, ideales y notables cualidades de liderazgo. Sus ideas de libertad, democracia, justicia social y su deseo de celebrar elecciones están bien arraigadas. Aunque el programa es vago, trae una propuesta para una Cuba democrática y anticomunista".... Así escribía Matthews y así nos lo recuerda el periodista del *Times* Anthony de Palma en su reciente libro *El hombre que inventó a Fidel.*

Nos recuerda también quién fue Matthews: un periodista considerado como tendencioso, que en 1935 era favorable a Mussolini y en 1936 a la causa republicana española—amigo de Hemingway, se dice que el escritor se inspiró en él para el personaje de Robert Jordan en *Por quien doblan las campanas*—y que tenía fama de ser poco crítico con los personajes a los que entrevistaba.

Época, del 2-8 de junio de 2006, pág. 80.

Al español—

1. ¿Qué conjugación acepta verbos nuevos en español? ¿Cómo se traduce *to google*?
2. ¿Cómo se traduce: *it sounds funny, Internet, publisher*?
3. ¿Hay palabras que no se debe traducir? ¿Por qué no y cuáles son?

I Google

An American dictionary includes the word Google as a verb I google. You google. It sounds funny but the American dictionary Merriam-Webster has just included the word google as a verb. The new verb means to search the Internet for information using this famous search engine.

The new transitive verb appears in the 2006 edition of the dictionary. The publisher Merriam-Webster is an institution in the United States and has incorporated other nouns like mouse potato, which defines a person who spends a lot of time using the computer, himbo (a combination of "him" and "bimbo"), which is used for attractive but uninteresting men or manga to define Japanese comics.

With these new terms, Webster is celebrating its bicentennial this year. Its founder, Noah Webster, a professor, jurist and friend of Benjamin Franklin, was one of the defenders of the Americanization of the English language in the 19th century. In 1806, Noah Webster's *A Compendious Dictionary of the English Language* was already collecting words that began to appear and that are common today, like surf.

12

A. La interpretación

Ya que es casi imposible hablar de la traducción sin mencionar la interpretación, presentamos las tres clases de interpretación recordando que la interpretación es oral y la traducción escrita. Los estudios científicos de los tiempos modernos en este campo se enfocan en los distintos mecanismos cerebrales que procesan estas dos disciplinas. Se dice que se puede enseñar la traducción pero es muy difícil aprender la interpretación simultánea sin haberse criado en un ambiente bilingüe y bicultural. (Child, pág. 156).

Es muy posible que su jefe le pida que usted sirva de intérprete guía para un cliente o socio hispanohablante. En esta capacidad, le va a dar al cliente un recorrido por las instalaciones mostrándole lo importante de la empresa o por la ciudad indicando los sitios de interés. Si no se siente cómodo con su habilidad oral en español, no debe aceptar tal tarea.

Hay dos formas de interpretación profesional: consecutiva y simultánea. La interpretación consecutiva consta de decir con exactitud y fidelidad lo que dice la persona que habla en inglés o en español después de un segmento determinado del texto (oración, párrafo). El intérprete consecutivo se prepara para su trabajo estudiando textos del tema en las dos lenguas para familiarizarse con la terminología específica y si puede obtener el texto completo del discurso, hace una traducción cuidadosa de éste. Durante la interpretación apunta en la lengua de llegada en un cuaderno pequeño las ideas más importantes, nombres y números. Es imprescindible que el intérprete hable en la primera persona y no en la tercera como "el embajador dice". El brindis requiere mucho cuidado y se lo debe ofrecer con el mismo tono y emoción del que lo da. Para tener éxito en esta forma de interpretación se sugieren clases profesionales y mucha práctica.

La interpretación simultánea es mucho más difícil y como se sabe ya hay unos que dicen que no se puede aprender esta forma de interpretación sin haber vivido dentro de un contexto bilingüe y bicultural. Esta forma de interpretación requiere mucho menos tiempo y se hace con el intérprete en una cabina lejos del que habla y con audífonos puestos. El intérprete escucha en una lengua e inmediatamente traduce a la otra mientras escucha la próxima oración en la lengua de origen. Es la forma de interpretación preferida por los grandes organismos internacionales. En un escenario más pequeño se puede practicar el método conocido en francés como "chuchotage" (en español susurro) cuando el intérprete se sienta al lado de la persona que no entiende la lengua de origen y le susurra al oído su interpretación.

El gobierno de los Estados Unidos ordena que haya intérpretes calificados para los que no puedan defenderse bien en inglés en situaciones médicas o legales. En el campo de la indemnización por accidentes del trabajo el intérprete necesita dominar la terminología médica y legal para facilitar la comunicación. La acreditación de intérpretes para los tribunales federales existe, sin embargo sólo un 5% de las personas que toman el examen salen aprobadas. En el nivel estatal, hay certificación para intérpretes legales que sólo es válida en el estado donde se toma el examen. En cuanto a la interpretación médica, hasta el momento, no existe una certificación ni al nivel nacional ni estatal.

Hay capacitación para intérpretes médicos y legales en muchas comunidades pero un solo taller no es suficiente así que los intérpretes siempre siguen tomando clases por toda su carrera. Las comunidades y/o entidades individuales establecen el sueldo base para estos servicios.

B. Teoría y técnicas

Traducción intralingual, interlingual e intersemiótica, equivalencia

1. La traducción intralingual es el cambio de una expresión lingüística por otra dentro de la misma lengua. *It's all right* a *It's okay.* **A duras penas** a **con dificultad.**

La traducción interlingual es la traslación entre dos lenguas o el procedimiento que entendemos como la traducción propiamente dicho.

La traducción intersemiótica es la traslación de gestos o señales por palabras como el dedo pulgar y el índice formando un círculo para indicar *it's okay* o la señal de un círculo atravesado por una línea diagonal que se entiende como prohibido entrar.

2. La equivalencia "tal como la definieron Vinay y Darbelnet, intenta transmitir una misma situación por medio de recursos estilísticos y estructurales completamente diferentes". (López Guix, pág. 271). Algunos ejemplos son: **obras** que se traduce por *men at work* o *under construction*, **perdón** o **permiso** traducidos por *excuse me*.

Ejercicio de equivalencias

Traduzca al inglés o español, según el caso.

1. Vado permanente
2. De nada
3. Completo (señal afuera de un hotel)
4. Huevos fritos sólo por un lado
5. All aboard!
6. That rings a bell.
7. To be continued
8. Beware of the dog

C. Vocabulario

1. Expresiones con **tener**

tener calor	*to be hot*
tener celos	*to be jealous*
tener cuidado	*to be careful*
tener éxito	*to be successful*
tener frío	*to be cold*
tener ganas de	*to feel like*
tener hambre	*to be hungry*
tener la culpa de	*to be to blame, at fault*
tener miedo de	*to be afraid*
tener prisa	*to be in a hurry*
tener que	*to have to*
tener razón	*to be right*
tener sed	*to be thirsty*
tener sentido	*to make sense*
tener sueño	*to be sleepy*
tener suerte	*to be lucky*
tener/tomar en mente	*to keep in mind*

2. Palabras equivocadas

capaz *y no* capable
controvertible *y no* controversial
ficticio *y no* ficticioso
humorístico *y no* humoroso
idiosincrásico *y no* idiosincrático
realista *y no* realístico
serio *y no* serioso

Ejercicios

1. Tache la palabra que no pertenezca al grupo.

a. realista	objetivo	realístico	razonable	equili-brado
b. grave	serioso	juicioso	serio	formal
c. fingido	ficticio	simulado	ficticioso	irreal
d. competente	capacitado	capable	capaz	hábil
e. controversial	discutible	controvertible	polémico	debatible
f. gracioso	humorístico	humoroso	chistoso	ingenioso
g. idiosincrásico	característico	intrínseco	idiosincrático	

B. Combine las palabras de la Columna B con su mejor antónimo de la Columna A.

COLUMNA A
_____ tener sueño
_____ tener éxito
_____ tener en mente
_____ tener celos
_____ tener que
_____ tener miedo
_____ tener prisa
_____ tener calor
_____ tener sentido
_____ tener razón

COLUMNA B
1. confiarse en
2. tener sed
3. tener frío
4. no apurarse
5. equivocarse
6. estar despierto
7. fracasar
8. tener hambre
9. ser valiente
10. olvidarse de
11. sin obligación
12. sin comprensión

D. Gramática

1. Números

a. **Un** (y no **uno**) se usa cuando sigue un sustantivo masculino.

veintiún hombres, treinta y un autos, cuarenta y un libros

Si el número describe un sustantivo femenino la forma es una.

veintiuna blusas, treinta y una mesas

b. Ciento es cien antes de un número más grande y antes de un sustantivo. Ya que ciento es un adjetivo, forma concordancia con el sustantivo que sigue.

cien píldoras
cien mil habitantes
doscientas señoras
novecientas palomas

c. Observe que con las cifras en español se usan los puntos y las comas al contrario del inglés en la mayoría de los países hispanohablantes.

ESPAÑOL	INGLÉS
100.000	100,000
6.254.000	6,254,000
3,25%	3.25%

d. Para expresar la palabra *billion* en español se dice **mil millones**.

e. Los números ordinales son todos adjetivos y concuerdan con los sustantivos que acompañan. Recuerde que primero y tercero pierden la **–o** final cuando van delante de un sustantivo masculino singular.

el primer piso　　　　el tercer asiento
las primeras etapas　　la tercera canción

Estos números también pueden seguir a los sustantivos.

el libro primero   el capítulo tercero
la habitación cuarta

f. A partir del número 10, los números ordinales suelen sustituirse por los cardinales.

el siglo veintiuno   la letra catorce del alfabeto

g. Con los nombres de reyes, reinas y papas, los ordinales van detrás del nombre propio sin el artículo definido como en inglés.

Enrique II (segundo)   Henry II (the Second)
Benedicto XVI (dieciséis)   Benedict XVI (the Sixteenth)

h. Para expresar fracciones se usa el número cardinal para el numerador y el ordinal para el denominador. Ejemplos de fracciones son:

una mitad $\frac{1}{2}$
un tercio $\frac{1}{3}$
dos tercios $\frac{2}{3}$
un cuarto $\frac{1}{4}$
un quinto $\frac{1}{5}$
tres séptimos $\frac{3}{7}$
siete décimos $\frac{7}{10}$
un/a centésimo,-a $\frac{1}{100}$
un/a milésimo,-a $\frac{1}{1000}$

Para fechas se dice siempre **el primero [de mayo]**, pero después **el dos [de mayo], el tres [de mayo]**, etc.

2. El infinitivo
a. Se usa el infinitivo después de preposiciones en español cuando se usa el gerundio en inglés.

al llegar   *on or when arriving*
después de venir   *after coming*

b. El infinitivo puede funcionar como el sujeto o el complemento del verbo cuando se usa el gerundio en inglés en estas circunstancias. El uso del artículo definido es opcional.

Hacer una lista nos ayuda a recordar cosas.
Making a list helps us remember things.
Ver es creer.
Seeing is believing.

c. A veces el infinitivo expresa un mandato en letreros o carteles.

No pisar el césped.
Do not walk on the grass.
Tirar
Pull

d. Con **dejar, hacer** y **mandar** el infinitivo puede expresar una acción pasiva.

Me hice cortar el pelo.
I had my hair cut.
Mandamos traer las cartas.
We had the letters brought.

e. Cf. Capítulo 11, D, 5 para el uso de la preposicón **de** más el infintivo en vez de una cláusula con **si**.

3. El gerundio
a. Se usa el gerundio con los verbos estar, seguir, continuar, ir, venir y andar para formar los tiempos progresivos.

Todo el día Simón anda hablando consigo mismo.
All day long Simon goes around talking to himself.

b. Para describir la ubicación física de una persona o una cosa se usa el participio pasado en vez del gerundio.

> El hombre parado en la esquina es mi profesor.
> *The man standing on the corner is my professor.*

c. En español el gerundio no puede funcionar ni como adjetivo ni como sustantivo.

> Lecciones de cantar
> *singing lessons*
> Practicar con frecuencia es importante para aprender a tocar el piano.
> *Practicing frequently is important for learning how to play the piano.*

4. Futuro y condicional de probabilidad

a. Para expresar probabilidad en el presente se usa el futuro simple o el futuro perfecto.

> ¿Quién será?
> *I wonder who it is. or Who can it be?*
> Nos habrán escrito esta carta por equivocación.
> *They have probably written this letter to us in error.*

b. Para expresar probabilidad en el pasado se usa el condicional simple o el condicional perfecto.

> Mis amigos habrían comprado las entradas para el concierto ayer.
> *My friends probably had bought the concert tickets yesterday.*
> Habrían sido las tres cuando llegó el jardinero.
> *It must have been three when the gardener arrived.*

Probablemente + presente = *futuro*
> El tren **probablemente llega** ahora.
> > El tren **llegará** ahora
Probablemente + imperfecto = *condicional*
> Federico **probablemente estaba** enfermo ayer.

Federico **estaría** enfermo ayer.

Probablemente + pretérito = *perfecto de futuro*

Ellos **probablemente causaron** el accidente.

Ellos **habrán causado** el accidente.

Probablemente + pluscuamperfecto = *perfecto de condicional*

El agente de policía **probablemente había visto** el crimen.

El agente de policía **habría visto** el crimen.

Ejercicio _____

Traduzca al español o al inglés según corresponda.

1. The man sitting on the bench is counting his money.
2. Translating books from Arabic was one of Alfonso X's projects.
3. Three hundred fifty-one schools have probably met the new requirements. (Write out the number)
4. One half of college students apply for financial aid, but only one third receive it.
5. I wonder who won the Nobel Prize for Peace this year.
6. Who can that be at this hour of the night?
7. After eating dinner we usually went for a walk.
8. The picture hanging on the wall is a family portrait.
9 They had the lawn mowed yesterday.
10. The sewing machine is broken.
11. La chica acostada en el sofá escucha música.
12. Visitar casi todos los países del mundo fue una meta personal del Papa Juan Pablo II.
13. Gastaron más de mil millones de euros para construir este puente nuevo.
14. Roberto pasa siete décimos de su tiempo enfrente de la computadora jugando al póquer.
15. ¿Cuántas personas habrán ganado el premio gordo de la lotería este año?
16. El examen sería demasiado fácil.
17. Tengo que hacer una investigación detallada antes de escribir este trabajo.
18. Las mujeres arrodilladas en la iglesia rezan por el fin del terrorismo.
19. Mandaron construir la casa de adobe.
20. La lección de ortografía presentó veintiuna palabras nuevas.

E. Traducciones comparadas/ equivocadas/cómicas

Aquí tiene en dos columnas una lista de novelas y películas y su traducción al inglés o al español. Busque la mejor pareja y comente los cambios, las adiciones y los aspectos culturales que influyeran en la traducción de cada una. Recuerde que el título traducido refleja tanto el contenido como la interpretación cultural de la obra y siempre se traduce el título como última etapa en el proceso de traducción.

Columna A	Columna B
_____ *Pánico nuclear*	1. *Shawshank Redemption*
_____ *Los de abajo*	2. *Curious George*
_____ *Sin remordimientos*	3. *Star Wars*
_____ *La tapadera*	4. *The Broker*
_____ *Cumbres borrascosas*	5. *The Sum of all Fears*
_____ *La de Bringas*	6. *The Underdogs*
_____ *Sueño de una noche de verano*	7. *Without Remorse*
_____ *Cadena perpetua*	8. *The Burning Plain*
_____ *Jorge el curioso*	9. *Midsummer Night's Dream*
_____ *El intermediario*	10. *The Bringas Woman*
	11. *Wuthering Heights*
	12. *The Firm*

F. Traducción

Lea el texto por completo. Teniendo en cuenta el título, ¿cuál será el tema de este texto? Piense en el vocabulario que corresponda a este tema. Segmente el texto y tradúzcalo.

Al español—
1. ¿Cómo se traduce 's al español? Dé ejemplos del texto.
2. En español, ¿cuál es el género de las letras del alfabeto?

3. Compare las diferencias del uso del gerundio entre los dos idiomas.
4. ¿Cuál es la traducción correcta de *World Meteorological Organization?*

Naming Tropical Storms

Wind speeds may quicken, sea temperatures may rise, and storm paths may shift, yet in the erratic world of tropical cyclones, there is something that meteorologists know beforehand—a storm's name.

Since 1950 American forecasters have identified storms following an alphabetical system of names. Beginning in 1953 those names were only female ones, but in 1979 male names were added. These days meteorologists plan ahead, compiling six years' worth of names—three male and three female for each letter of the alphabet except Q, U, X Y, and Z. Every six years the lists of names repeat.

Recognizing the benefits of names in identification and warning services, storm centers worldwide, monitored by the World Meteorological Organization, began to adopt labeling plans. Now each of the storm-naming regions has its own name lists. While some lists begin each season at "A," others pick up where they left off the previous year.

Al inglés—
1. ¿Cómo se traduce los nombres geográficos y adjetivos de nacionalidad?
2. ¿Cuál es la mejor traducción para esta frase, "Gerente para Desarrollo de Negocios para la región"?
3. Explique la redundancia de la construcción, "A Beaufrand le…"

Eugenio Beaufrand,
vicepresidente, Microsoft América Latina

Eugenio Beaufrand está muy contento de regresar a sus orígenes. A partir del primero de mayo, este venezolano maneja las operaciones de Microsoft en América Latina, reemplazando a Mauricio Santillán, quien estuvo en el puesto durante los últimos ocho años. Beaufrand comenzó su carrera en Microsoft en 1984 como Gerente para Desarrollo de Negocios para la región. Se fue de América Latina en 1997 y partió a Sydney, Australia, donde fue Director para el Pacífico Sur. Bajo su mandato, las ventas en esa zona crecieron 80%.

A Beaufrand le reportarán casi mil personas en los 18 países distintos en donde Microsoft tiene operaciones en América Latina. Y lo controlará todo desde su oficina en Fort Lauderdale. Pero el trabajo que le espera no es sencillo pues su antecesor, Santillán, triplicó las ventas de Microsoft en América Latina cuando estaba en ese cargo. Beaufrand dice que acepta el reto, y que su experiencia regional será muy positiva para su trabajo.

Poder, Mayo, 2003, *pág. 80*

Las Naciones Unidas

13

A. La profesión

1. ATA

En los Estados Unidos hay sólo una organización que certifica traductores al nivel nacional que se llama la Asociación de Traductores Americanos (ATA). La ATA ofrece exámenes para esta certificación en varias parejas de lenguas en diferentes partes del país una o dos veces al año. Por lo general los capítulos locales de la ATA controlan el examen nacional y ofrecen tanto talleres para preparar a los interesados para el examen como otras clases para más capacitación profesional. Esta asociación ofrece exámenes de práctica que se califican y el candidato puede ver los errores cometidos y mejorarse para poder salir aprobado en el examen oficial.

2. La confidencialidad

Ya que un traductor puede trasladar información muy confidencial, es necesario mantener una norma de ética sumamente elevada. Esto significa que el traductor no puede aprovecharse personalmente de ninguna información que aprenda de su trabajo ni divulgar esta información a nadie.

3. Procedimientos profesionales

Algunos procedimientos que el traductor profesional tiene que observar son:

a. no aceptar una tarea más allá de su capacidad lingüística o temática
b. no ofrecer crítica no solicitada del trabajo de otros traductores
c. respetar las fechas límites mutuamente acordadas entre el traductor y el cliente
d. comunicar problemas de interpretación del texto con el cliente
e. continuar su mejoramiento lingüístico y terminológico
f. compartir información profesional con otros traductores (glosarios, terminología, talleres, etcétera)
g. no exagerar su habilidad de traductor
h. firmar la obra completa declarando que Ud. la había hecho lo mejor posible
i. contribuir al mejoramiento de la profesión

4. Oportunidades de trabajo

En cuanto a trabajo el gobierno federal es el empleador más grande de traductores e intérpretes. Hay necesidad de traductores en las empresas multinacionales: importadoras y exportadoras, las instituciones de investigación comerciales y sin fines de lucro, las empresas farmacéuticas, químicas y de maquinaria, las compañías de ingeniería y construcción con clientes extranjeros, los bufetes de patentes, la industria editorial, los medios de comunicación, los gobiernos municipales en ciudades con poblaciones multilingües, las facultades de posgraduado en universidades estadounidenses, las Naciones Unidas y sus asociaciones filiales, representantes diplomáticos, comerciales y científicos de otros países en los Estados Unidos.

Como candidato para un puesto, usted tiene ventaja si ha estudiado una o más lenguas extranjeras; además su sueldo puede ser más alto que otros candidatos sin esta capacitación.

B. Teoría y técnicas

La revisión, La traducción inversa, La traducción de resumen

1. La revisión es el paso final de una traducción cuando el traductor pule estilística y críticamente hasta el máximo su trabajo. El traductor lee su versión final sin compararla con el texto en la lengua de origen y decide si suena bien y si fluye naturalmente. Después hace una comparación final entre los dos textos para asegurarse de la perfección de su obra. Si uno trabaja por sí solo, hay que ser el revisor de su propio trabajo, pero a veces en agencias o cuando uno trabaja en parejas o en organismos existe un revisor/corrector que hace esta labor.

2. La traducción inversa es otra manera de revisar su trabajo y consiste en traducir a la lengua de origen la traducción que usted ha hecho. Por supuesto habrá unos cambios ligeros que son necesarios debido a las estructuras gramaticales diferentes de cada lengua pero si son muy distintas, hay que volver a la traducción para revisarla de nuevo.

3. La traducción de resumen es una versión corta del texto de origen que incluye todos los hechos más importantes. Se usa cuando el cliente no necesita una traducción completa y sólo quiere saber lo esencial del texto. Otro nombre para este tipo de traducción es "traducción *précis*".

Ejercicios

A. Traduzca este texto al inglés. Haga una comparación entre su versión y el original. Recuerde que todas las ideas del original tienen que aparecer en su versión y que es necesario mantener el mismo registro del original. Después de haber terminado su traducción, trate de reescribir el texto al español practicando la técnica de la traducción inversa.

Bill Richardson, un latino que quiere reemplazar Bush
MELISSA RINCÓN

Se levanta temprano a hacer ejercicio y tiene una agenda apretada por cumplir: desayunos, llamadas telefónicas, viajes a lo largo de Nuevo México para asistir a reuniones, eventos o ceremonias públicas.

"Siempre trabaja, cuando viaja carga un fajo de papeles relacionados con la gobernación. Las únicas veces que le he visto sin trabajar es en las mañanas cuando hace ejercicio o al dormir", cuenta Contarino (gerente de la campaña de Bill Richardson), sobre el primer candidato de origen hispano a la presidencia.

Atlanta Latino, 22 de febrero 2007, pág. 1.

B. Haga una traducción de resumen del texto siguiente. Recuerde que hay que dar sólo lo esencial del texto original.

El informe 'definitivo' sobre la muerte de Diana
concluye que fue un accidente normal
Rafael Ramos

La investigación ha costado más de cuatro millones de euros, ha examinado veinte mil documentos y ha interrogado a más de mil quinientos testigos, tan sólo para llegar a las mismas conclusiones no conspirativas de las autoridades francesas: que Diana no estaba embarazada ni comprometida en matrimonio con Dodi al Fayed, que la noche nefasta salió del hotel Ritz de París seguida por una nube de paparazzi, que el conductor del Mercedes había tomado alcohol y barbitúricos muy por encima del límite autorizado, que entró con el coche en el túnel del puente de l'Alma a una velocidad imprudente, perdió el control y se estrelló contra uno de los muros laterales, sin que ninguno de los ocupantes llevase puesto el cinturón de seguridad. Eso dicen las ochocientas páginas del informe, pero otra cosa muy distinta es que los británicos se lo crean. Un treinta por ciento insiste en que fue asesinada.

"No tengo la menor duda de que las especulaciones sobre la muerte de Diana van a continuar—dijo lord Stevens, un ex comisario de Scotland Yard a cargo de la investigación—, y como en todos los casos de este tipo existen preguntas para las que nunca se encontrarán respuestas. Pero hemos hablado con los amigos y familiares de la princesa, y ninguno de ellos encuentra razones para pensar que haya gato encerrado. Su deseo generalizado es cerrar de una vez por todas las cuestiones legales y llorarla en paz".

La Vanguardia, 15 diciembre 2006, pág. 4.

C. Vocabulario

1. Diminutivos y aumentativos

Hay una serie de sufijos que se añaden a una palabra para indicar algo del tamaño, cambiar el sentido o agregar un significado emocional, despectivo o cariñoso. Los sufijos diminutivos más comunes son: **-ito,-a, -illo,-a, -ecito,-a, -ecillo,-a** y **-uelo,-a** y sus formas plurales. Existen otros pero no son tan comunes. Para formar los diminutivos se añade **-ito,-a, -illo,-a,** a las palabras que acaban en una **-o, -a, -l.** Si la palabra acaba en **-e, -é, -n, -r,** o si hay el diptongo **ie** en la primera sílaba se añade **-cito,-a** o **-cillo,-a.** Si la palabra es de una sola sílaba, se añade **-ecito,-a** o **-ecillo,-a.** Se añaden estos sufijos a sustantivos, adjetivos, adverbios, gerundios y participios pasados. Al agregar el sufijo a veces es necesario cambiar la ortografía para pronunciar correctamente la palabra: **poco-poquito, largo-larguito.** Los sufijos aumentativos más comunes son: **-ón/a, -azo/a, -ote/a, -udo/a** y sus formas plurales. Hay que tener mucho cuidado con los sufijos aumentativos ya que pueden ser muy ofensivos según el país donde se emplean.

DIMINUTIVOS

pajarico	*little bird*
calladito	*very quietly*
arroyuelo	*little stream*
manecita	*little hand*
cafecito	*small coffee*
papelito	*small piece of paper*
panecillo	*roll*
pececito	*little fish*
piedracita	*pebble*
mujercita	*little woman*
avioncito	*small plane*
florecita	*little flower*
ahorita	*right now*

AUMENTATIVOS

sillón	*armchair*
monigote	*grotesque figure*
madraza	*overly indulgent mother*
panzudo	*big-bellied*

Ejercicios

1. Escriba un diminutivo de las palabras a continuación.

poco _____   cabeza _____   ahora _____

pan _____   amigo _____   largo _____

hoja _____   beso _____   hombre _____

niño _____   flor _____   silla _____

estatua _____   camión _____   mujer _____

2. Escriba un aumentativo de las palabras a continuación.

rico _____   libro _____   gringo _____

soltero _____   broma _____   coche _____

palabra _____   casa _____   pedante _____

2. Palabras que cambian de sentido según el género

el bando/la banda	*faction, party, side / musical band, gang*
el canal/la canal	*canal, TV channel / gutter*
el capital/la capital	*capital (money) / capital city*
el cólera/la cólera	*cholera / anger*
el coma/la coma	*coma / comma*
el cometa/la cometa	*comet / kite*
el corte/la corte	*cut/ royal court*
el cura/la cura	*priest / cure*
el frente/la frente	*front of a building / military; forehead*
el giro/la gira	*draft, money order / tour*

el grado/la grada	*degree, grade / step (in a stair)*
el jarro/la jarra	*mug, jug / pitcher*
el modo/la moda	*way, manner / fashion*
el papa/la papa	*pope / potato*
el pendiente/la pendiente	*earring / slope*
el pez/la pez	*fish / pitch (tar)*
el suelo/la suela	*ground, soil / sole of a shoe*

Escoja la palabra correcta según el sentido de la oración.

1. (El suelo/la suela) del zapato de Jaime tiene un agujero.
2. La temperatura llegó a noventa (gradas/grados) Fahrenheit ayer.
3. (El giro/la gira) de las islas Canarias era excelente.
4. (El frente/la frente) del niño tiene una cicatriz por la caída de la semana pasada.
5. (El cura/la cura) habló con la viuda del muerto para consolarla.
6. (La capital/el capital) de España es Madrid.
7. Nuestra cena consta de carne, (una papa/un papa), una ensalada mixta y postre.
8. Dicen que las estrellas de cine siempre se visten (al modo, a la moda) de París.
9. (La pez/el pez) está en el agua y el pescado es lo que se come.
10. Elena acaba de comprar (unos pendientes/unas pendientes) de oro.

D. Gramática

1. La voz pasiva

En una oración de la voz pasiva el sujeto del verbo recibe la acción. **La novela fue escrita por Cervantes** es la oración pasiva de la oración activa **Cervantes escribió la novela.**

    a. No se usa la voz pasiva tanto en español como en inglés. De hecho para usar la voz pasiva hay que tener un agente expresado o fuertemente implicado.

The candidate was elected by the majority of the voters.

El candidato fue elegido por la mayor parte de los votantes.

Los delincuentes fueron detenidos anoche.

The delinquents were arrested last night.

Se nota que el participio pasado funciona como adjetivo y forma concordancia con el sujeto de la oración.

b. Hay que tener cuidado cuando la oración expresa el resultado de una acción y no la voz pasiva.

Las luces están prendidas expresa el resultado de la acción de haber prendido las luces y no la acción en sí.

La puerta está abierta.

The door is open.

Estos problemas no están resueltos todavía.

These problems are not yet solved.

c. Véase el capítulo 3 para el uso de se para expresar la voz pasiva.

Ejercicio _____

A. Escriba en español estas oraciones activas en la voz pasiva.

1. The delegates of the European Union signed the new constitution.

2. So many cars have polluted the environment.

3. The instructor will write the answers on the board tomorrow.

B. Cambie estas oraciones a la voz pasiva.

1. Mi hermano rompió las copas al lavarlas.

2. La policía había perseguido al criminal.

3. Roberto devuelve el libro a la biblioteca.

C. Traduzca estas oraciones al español

1. The store will be opened at 9:00.

2. The chairs are folded.

3. Juan was seen in Retiro Park.

2. La puntuación

Abajo se indican las diferencias más importantes y más frecuentes en el uso de la puntuación en las dos lenguas.

a. Se usa el punto como en inglés. La excepción es con números, véase el capítulo 12.

b. Se usa la coma para separar palabras o frases que forman una serie o conjunto pero no antes de las conjunciones **y (e), o (u)** o **ni**.

Compré naranjas, peras y manzanas para hacer una ensalada de frutas.
I bought oranges, pears, and apples to make a fruit salad.
Mario quería un suéter marrón, blanco o rojo para llevar a la fiesta del sábado.
Mario wanted a brown, white, or red sweater to wear to Saturday's party.

c. En inglés se ponen las comillas para indicar el fin de una cita después de la puntuación y en español van antes de la puntuación.

"Yes, I know."   "Sí, lo sé".

Ejercicio

La puntuación se ha suprimido en estas oraciones, póngala.

1. La guerrilla por una parte envía cartas de amor y por otra prepara ataques aleves contra la fuerza pública dijo sin esconder su enojo el ministro de Defensa Juan Carlos Esguerra.
2. Esta pieza titulada *In a landscape* formará parte de un programa en el que Baryshnikov bailará otras obras en solitario de coreógrafos tales como Michael Clark Ruth Davidson Ferry O'Connor y Lucinda Childs.
3. En 2002 la tasa de criminalidad por cada 1 000 habitantes era de un 51 4% [la más alta desde 1987] estamos por encima de cualquier país de la UE en homicidios 3 3 por cada 100 000 habitantes en 2000.

3. Hace (hacía)... que

a. Cuando una acción empieza en el pasado y continúa en el presente se usa una de estas estructuras:

Hace + duración de tiempo + **que** + presente o presente progresivo

o

Presente o presente progresivo + **desde hace** + duración de tiempo

Hace cuatro horas que estudiamos (estamos estudiando) en la biblioteca.

o

Estudiamos (estamos estudiando) en la biblioteca desde hace cuatro horas.

o

Presente de **llevar** + duración de tiempo + gerundio del verbo principal.

Llevamos cuatro horas estudiando en la biblioteca.
We have been studying in the library for four hours.

b. Cuando la acción empieza en el pasado y termina en el pasado se usan estructuras parecidas.

Hacía + duración de tiempo + **que** + imperfecto simple o progresivo

Hacía dos horas que llovía (estaba lloviendo) cuando salió el sol.

o

Imperfecto simple o progresivo + **desde hacía** + duración de tiempo

Llovía (estaba lloviendo) desde hacía dos horas cuando salió el sol.

o

Imperfecto de **llevar** + duración de tiempo + gerundio del verbo principal

Llevaba dos horas lloviendo cuando salió el sol.
It had been raining for two hours when the sun came out.

c. Para expresar *ago* se usa:

> Hace + expresión de tiempo + verbo en el pretérito
> Hace un año mis amigos viajaron a Honduras.
>
> o
>
> Verbo en el pretérito + hace + expresión de tiempo
>
> Mis amigos viajaron a Honduras hace un año.
> *My friends traveled to Honduras a year ago.*

4. Los tiempos compuestos

Para formar los tiempos compuestos se conjuga el verbo auxiliar haber más el participio pasado.

INDICATIVO

Presente perfecto	he ahorrado	*I have saved*
Pluscuamperfecto	había ahorrado	*I had saved*
Pretérito perfecto	hube ahorrado	*I had saved*
Futuro perfecto	habré ahorrado	*I will have saved*
Condicional perfecto	habría ahorrado	*I would have saved*

SUBJUNTIVO

Presente perfecto	haya ahorrado	*I have saved*
Pluscuamperfecto	hubiera/hubiese ahorrado	*I had saved*

a. Se forman los participios pasados eliminando la desinencia del infinitivo y añadiendo **-ado** a los verbos de la primera conjugación e **-ido** a los verbos de la segunda y tercera conjugaciones.

comenzar	comenzado
vender	vendido
dormir	dormido

b. Aquí tiene usted los participios pasados irregulares más comunes.

abrir	abierto
cubrir	cubierto
decir	dicho
escribir	escrito
hacer	hecho
morir	muerto
poner	puesto
resolver	resuelto
romper	roto
ver	visto
volver	vuelto

Los verbos formados con un prefijo y cualquiera de los verbos de esta lista conservan la misma irregularidad.

devolver	devuelto
posponer	pospuesto

Ejercicios _____

Estos ejercicios combinan los tiempos compuestos y expresiones de tiempo con **hace/hacía**.

A. Traduzca al español.

1. We finished the assignment four hours ago.
2. I had been reading for ten minutes.
3. Roberto was sorry that they had been waiting for so long.
4. Sergio has been telling us for a year to renew our passport.

B. Traduzca estas oraciones al inglés.

1. El partido terminó hace diez minutos.
2. Emilio trabaja en Atlanta desde hace tres meses.
3. Llevábamos dos horas mirando televisión cuando nos llamó.

4. Mis amigos habrían hecho un viaje alrededor del mundo si hubieran tenido bastante tiempo libre.

5. Hacía cinco años que construían esta autopista.

6. Los testigos habían descrito la escena del delito con muchos detalles.

E. Traducciones comparadas/ equivocadas/cómicas

1. Anuncios y avisos

Combine los eslóganes con su producto o empresa y comente los cambios lingüísticos y culturales hechos.

Columna A

_____Pausa refrescante

_____Tan clara como el agua

_____ Me encanta

_____El lugar correcto. El precio justo. Frescos de la granja.

_____ ¡A que no puedes comer sólo una!

_____ Si tomas, no manejes.

_____ Abróchate o boleto.

_____ Donde comprar es un placer

_____ Absorbente y resistente

Columna B

a. I'm loving it. (McDonald's)

b. The pause that refreshes. (Coca Cola)

c. The right place, the right price, farm fresh (Kroger, supermercado)

d. So clear you can hear a pin drop. (Sprint)

e. Click it or ticket.

f. I bet you can't eat just one! (Lay's)

g. The quicker picker upper (Bounty towels)

h. Where shopping is a pleasure (Publix, supermercado)

i. Don't drink and drive!

2. Refranes y dichos

_____ A quien madruga, Dios le ayuda.	a. A bird in hand is worth two in the bush.
_____ Entre la espada y la pared.	b. A barking dog does not bite.
_____ De tal palo, tal astilla.	c. Birds of a feather flock together.
_____ En boca cerrada no entran moscas.	d. Money talks.
	e. The coast is not clear.
_____ Cada oveja con su pareja.	f. Finders keepers, losers weepers.
_____ Hay moros en la costa.	g. Between a rock and a hard place.
_____ La necesidad hace maestro.	h. The early bird catches the worm.
_____ Más vale pájaro en mano que cien volando.	i. Necessity is the mother of invention.
	j. Silence is golden.
_____ No es oro todo lo que reluce.	k. A chip off the old block.
_____ No se ganó Zamora en una hora.	l. Rome was not built in a day.
	m. All that glitters is not gold.
_____ Poderoso caballero es don dinero.	n. An apple a day keeps the doctor away.
_____ Perro que ladra no muerde.	
_____ Quien fue a Sevilla, perdió su silla.	

F. Traducción

Lea el texto por completo. Teniendo en cuenta el título, ¿cuál será el tema de este texto? Piense en el vocabulario que corresponda a este tema. Segmente el texto y tradúzcalo.

Al inglés—
1. ¿Cómo se traduce "volvió a romper"?
2. ¿Cuál es la mejor traducción de "el vuelo más largo de la historia sin escalas"?

3. ¿Hay palabras que se puede omitir al traducir este texto al inglés?
4. ¿Le causó una dificultad la traducción de la palabra accidentado? ¿Cómo
   la resolvió?

Otro para Steve

El multimillonario Steve Fossett volvió a romper un récord al completar
el vuelo más largo de la historia sin escalas, aproximadamente 42.000
kilómetros, a bordo de su famoso avión *GlobalFlyer*, de la compañía Virgin
Atlantic (financiado por el también aventurero y magnate Richard Branson).
La épica travesía inició el miércoles 8 de febrero en el Centro Espacial
Kennedy, Florida, Estados Unidos, a las 7:22 hora local, de donde partió
rumbo al este con destino a África. Fue un inicio accidentado, pues Fossett
tuvo que suspender el primer intento de despegue debido a fallas mecánicas
y a las pobres condiciones climáticas. Al empezar el vuelo, un par de aves de
pequeño tamaño se estrellaron contra el fuselaje, aunque sin causar mayor
daño. Después de atravesar Asia, el océano Pacífico, Estados Unidos y el
océano Atlántico su llegada a Inglaterra el 11 de febrero no fue menos
accidentada, pues hubo un dramático descenso debido a una falla en el
sistema eléctrico y a que la visibilidad estaba bloqueada por hielo, lo cual
obligó a desviar el curso y descender en el aeropuerto de Bournemouth. Al
aterrizar, dos llantas se quemaron, pero no hubo mayores complicaciones y
el multimillonario pudo descender del aparato sin un rasguño. El tiempo total
del viaje fue de 76 horas 45 minutos, para recorrer 42.469,5 kilómetros. Esta
hazaña se suma a la que Fossett consiguió el año pasado, cuando rompió el
récord de la vuelta al mundo pilotando sin escalas durante 67 horas. Tiene 88
récords mundiales de navegación aérea y 21 de marítima certificados
oficialmente. Se convirtió en la primera persona en atravesar el Atlántico en
globo y también el primero en dar la vuelta al mundo por el mismo medio. Su
próximo proyecto es tripular un ala delta a nivel de la estratosfera, hasta casi
50 kilómetros de altura.

Al español—
1. ¿Cuál es la regla del uso del artículo definido con sustantivos abstractos en
   español?
2. ¿Cómo se traduce: *worse and worse, childhood, to avoid those children being
   stigmatized*.

3. ¿Cuáles son los usos del participio pasado en español.

The Ministry of Health will put 12,000 Children on a Diet in a
Pilot Program to Prevent Obesity
NEARLY 30% OF CHILDREN ARE ALREADY OVERWEIGHT

Spanish children are eating worse and worse, which can have very serious consequences for their development. Therefore, around 12,000 primary school children between the ages of 6 and 10 will participate in the next school year in a Ministry of Health pilot program to promote healthy eating and physical exercise, in view of the alarming rates of childhood obesity in Spain.

The pilot program funded with one million euros will be developed in the six autonomous communities that have the highest rates of childhood obesity. The intention is to extend the program to the rest of Spain's regions once results have been verified.

The Minister of Health, Elena Salgado, stated today that at present, half of the students in each class are overweight or obese, which places Spain at the head of Europe in childhood obesity. According to the minister, the intervention will be "careful," to avoid those children being stigmatized.

Bibliografía selecta

DICCIONARIOS Y OBRAS DE CONSULTA

The American Heritage Spanish Dictionary. Spanish/English, inglés/español. 2nd ed. Boston: Houghton Mifflin, 2001.

Butt, John and Carmen Benjamin. *A New Reference Grammar of Modern Spanish*. 2nd ed. Lincolnwood, IL: NTC Publishing Group, 1998.

Harrap's Spanish Dictionary on CD-ROM. [Accompanies the hardback dictionary] Edinburgh: Chambers-Harrap Publishers, 2005.

Larousse Concise Spanish-English/English-Spanish Dictionary. New York: Larousse Kingfisher Chambers, Inc., 2002.

Larousse Unabridged Spanish-English/English-Spanish Dictionary. New York: Larousse Kingfisher Chambers, Inc. 1999.

Moliner, María. *Diccionario de uso del español*. 2ª. 2 vols. ed.Madrid: Gredos, 1998.

Orellana, Marina. *Glosario internacional para el traductor: Glossary of Selected Terms Used in International Organizations*. 4th ed. Santiago de Chile: Editorial Universitaria, 2003.

The Oxford Spanish Dictionary. Spanish-English/English-Spanish. New York: Oxford University Press, 1997.

The Oxford Spanish Dictionary on CD-ROM. Third Edition. Oxford: Oxford University Press, 2003.

Seco de Arpe, Manuel *Diccionario de dudas y dificultades de la lengua española*. 9th ed. rev. Madrid: Espasa Calpe, 1986.

——— , Olimpia Andrés y Gabino Ramos. *Diccionario del espanol actual*. 2 vols. Madrid: Aguilar, 1999.

Smith, Colin, et al. *Collins Spanish-English, English-Spanish Dictionary: Unabridged*. New York: Harper Collins, 1997.

Steiner, Roger, ed. *Simon & Schuster's International Dictionary: English-Spanish, Spanish-English*. 2nd ed. New York: Simon and Schuster, 1997.

Suazo Pascual, Guillermo. *Nueva ortografía práctica*. Madrid: EDAF, 2002.

OBRAS DE REFERENCIA

Ballestero, Alberto. "Historia de la traducción." La linterna del traductor. http:// traduccion.rediris.es/8/historia. htm.

Bassnett-McGuire, Susan. *Translation Studies.* New York: Methuen, 1980.

Child, Jack. *Introduction to Spanish Translation.* Lanham, MD: University Press of America, 1992.

Duff, Alan. *The Third Language: Recurrent Problems of Translation into English.* New York: Pergamon Institute of English, 1981.

García Yebra, Valentín. *Teoría y práctica de la traducción.* Madrid: Gredos, 1984.

Hervey, Sandor, Ian Higgins and Louise M. Haywood. *Thinking Spanish Translation. A Course in Translation Method: Spanish to English.* London and New York: Routledge, 1995.

Kelly, Louis. *The True Interpreter: A History of Translation.* Oxford: Basil Blackwell, 1979.

Larson, Mildred. *Meaning-based Translation.* Lanham, MD: University Press of America, 1984.

López Guix, Juan Gabriel y Jacqueline Minett Wilkinson. *Manual de traducción. Inglés/Castellano.* Barcelona: Editorial Gedisa, 1997.

Newmark, Peter. *Approaches to Translation.* New York: Pergamon, 1982.

Nida, Eugene A. *Toward a Science of Translating.* Leiden: E..J. Brill, 1964.

_____. *Language, Structure and Translation.* Stanford, CA: Stanford University Press, 1975.

_____ and C. Taber. *The Theory and Practice of Translation.* Leiden: E. J. Brill, 1969.

Orellana, Marina. *La traducción del inglés al castellano. Guía para el traductor.* Santiago de Chile: Editorial Universitaria. 1994.

Ruiz Casanova, José Francisco. *Aproximación a una historia de la traducción en España.* Madrid: Ediciones Cátedra, 2000.

Russell, Peter. *Traducciones y traductores en la Península Ibérica, 1140-1550.* Barcelona: Escuela Universitaria de Traductores e Intérpretes, 1985.

Seleskovitch, Danica. Interpreting for International Conferences. Washington, DC: Pen and Booth, 1978.

Steiner, George. *After Babel: Aspects of Language and Translation.* New York and London: Oxford University Press, 1975.

Vázquez-Ayora, Gerardo. *Introducción a la traductología.* Washington, DC: Georgetown University Press, 1977.

Glosario

ADICIÓN: Es añadir palabras e información al texto de llegada para aclarar términos gramaticales, políticos, históricos, etcétera. Ejemplo: candidato del PRI, candidate of the PRI party (majority Mexican political party).

ANGLICISMO: Es una palabra que se toma de inglés adaptada o no fonéticamente sin traducirla. Format/Formatear.

CALCO: Un sintagma (un grupo de palabras que forma una expresión) que se toma prestado de la lengua origen cuyos elementos se traducen literalmente. Science fiction, ciencia ficción.

COMPENSACIÓN: Es la recuperación en algún lugar de la traducción de lo perdido del texto original. It's raining cats and dogs/Llueve a cántaros.

ECONOMÍA: Es evitar palabras innecesarias en la traducción. University campus/ recinto universitario en vez de recinto de la universidad.

EQUIVALENCIA: Es la transmisión de una expresión por medio de recursos estilísticos y estructurales completamente diferentes en los dos idiomas. Under construction/Obras.

ESTRUCTURA SUBYACENTE: Es la estructura profunda de un texto que consta de la semántica, los conceptos y el significado.

ESTRUCTURA SUPERFICIAL: Es la estructura que consiste en las palabras, la gramática y los sonidos de la lengua.

INTERPRETACIÓN CONSECUTIVA: Es expresar lo que dice la persona que habla en inglés o español después de un segmento determinado de una entrevista, etc.

INTERPRETACIÓN SIMULTÁNEA: Es la interpretación inmediata a la lengua de llegada mientras se escucha la próxima oración en la lengua origen.

LENGUA DE LLEGADA (LENGUA TÉRMINO LT): La lengua a que se traduce la lengua origen.

LENGUA ORIGEN (LO): La lengua original del texto.

LINGÜÍSTICA COMPARADA: Estudia las estructuras léxicas, fonéticas, gramaticales y estilísticas de dos o más lenguas para entender sus diferencias con

165

el propósito de hacer una traducción buena y correcta de la lengua origen a la lengua de llegada.

LO INTRADUCIBLE: Consta de modismos, metáforas, refranes y referencias folclóricas que reflejan la cultura de la lengua origen y que son imposibles de traducir palabra por palabra. As cool as a cucumber/más fresco que una lechuga.

MODULACIÓN: Esta técnica de traducción consiste en un cambio en el punto de vista del mensaje que se basa en categorías de pensamiento en vez de categorías gramaticales. An armchair politician/un político de café.

OMISIÓN: Es la eliminación de palabras o expresiones del texto término por razones gramaticales o porque la información es superflua o redundante para el público destinatario. Ejemplo: bold and courageous/valiente.

PRÉSTAMO: Palabra tomada de una lengua sin traducirla ya que no existe tal término correspondiente en la lengua de llegada. Software.

PÚBLICO DESTINATARIO: Es el público que va a leer el texto en la lengua término.

REVISIÓN: Después de traducir un texto es el acto de pulirlo y mejorarlo al máximo.

TERCERA LENGUA: Es una lengua entre la lengua origen y la lengua término que no suena natural por razones gramaticales, léxicas, etcétera. All the time you come to the office/each time you come to the office.

TRADUCCIÓN DE RESUMEN: Es una versión corta (no completa) del texto origen pero incluye todos los hechos más importantes.

TRANSPOSICIÓN: Es modificar la categoría gramatical sin cambiar el sentido original. He's a good speaker/Él habla bien.

UNIDAD DE TRADUCCIÓN es una unidad lexicológica, la combinación más pequeña de palabras que contribuye a la expresión de un solo fragmento de mensaje. Aunque la expresión no hay de que consta de cuatro palabras es una sola unidad significativa desde el punto de vista de la traducción. Si uno no considera esta expresión como una unidad se correría el riesgo de traducirla por *there is not of what* en lugar de *you are welcome*. (Vázquez-Ayora, *Introducción a la traductología*, págs. 9-10).

Índice